全国中等职业学校汽车类专业互联网＋数纸融合创新教材
技工院校工学一体化技能人才培养教材

汽车维护与保养

人力资源社会保障部教材办公室◎组织编写
李俊杰◎主编

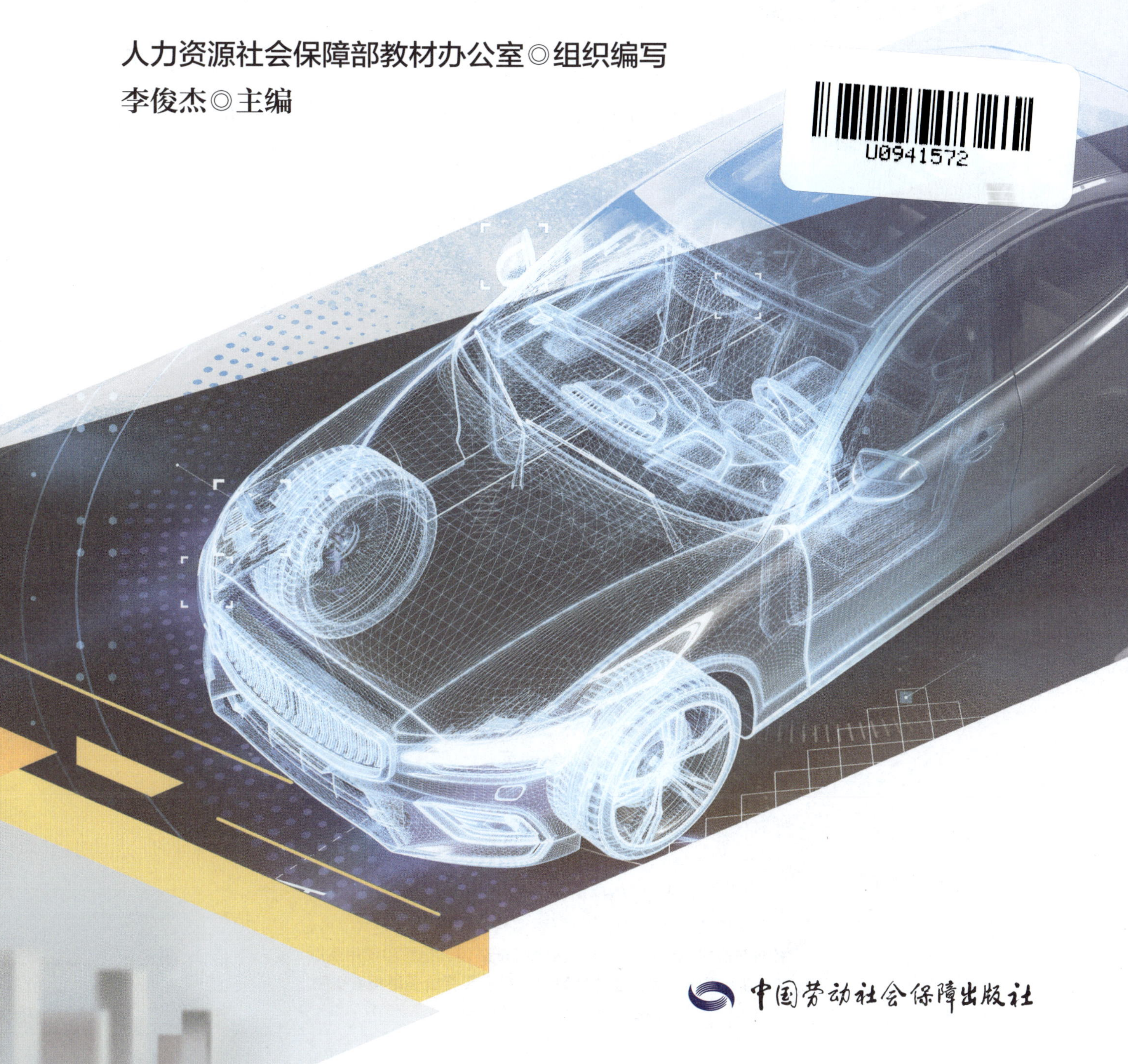

中国劳动社会保障出版社

内容简介

本书主要内容包括传统能源汽车滤芯、油液和耗材更换的常规维护项目、充电系统维护项目、发动机点火系统维护项目、空调系统维护项目、传动系统维护项目和常规维护设备及工具的使用。

本书由李俊杰主编，张风密、管军、曹鲁政、余成路、方彬、俞应进参与编写。

图书在版编目(CIP)数据

汽车维护与保养 / 人力资源社会保障部教材办公室组织编写；李俊杰主编. -- 北京：中国劳动社会保障出版社，2022

全国中等职业学校汽车类专业互联网 + 数纸融合创新教材. 技工院校工学一体化技能人才培养教材

ISBN 978-7-5167-5514-3

Ⅰ. ①汽…　Ⅱ. ①人… ②李…　Ⅲ. ①汽车-车辆修理-中等专业学校-教材 ②汽车-车辆保养-中等专业学校-教材　Ⅳ. ①U472

中国版本图书馆 CIP 数据核字(2022)第 166397 号

中国劳动社会保障出版社出版发行

（北京市惠新东街 1 号　邮政编码：100029）

*

北京市白帆印务有限公司印刷装订　　新华书店经销

880 毫米 × 1230 毫米　16 开本　10.25 印张　221 千字

2022 年 10 月第 1 版　　2022 年 10 月第 1 次印刷

定价：30.00 元

营销中心电话：400-606-6496

出版社网址：http://www.class.com.cn

http://jg.class.com.cn

前 言
PREFACE

随着互联网技术的迅速发展和信息化教学环境的普及，以及职业教育与移动应用的深度融合，依托翻转课堂教学增加学生的学习兴趣已成为迫切需求。为全面推进技工院校工学一体化人才培养模式改革，适应技工院校教学模式改革创新，人力资源社会保障部教材办公室组织一线教师和行业、企业专家，开发了本套全国中等职业学校汽车类专业互联网+数纸融合创新教材，包括：《汽车维护与保养》《汽车发动机检修》《汽车底盘检修》《汽车电气设备检修》等。

本套教材具有以下特色：

第一，教材编写以工作情境和职业岗位活动为主体，按照“学习目标—任务描述—相关知识—任务准备—任务实施—任务评价”的思路编写，采取工作页的编写模式，设置引导问题和填空，以任务为驱动，引导学生在完成具体工作任务的过程中学习知识、掌握技能。

第二，教材采用线上线下混合式学习场景设计，打破了传统课堂教学的局限性，实现纸质教材与数字化教学资源的有机融合。各个任务均配有二维码，学生通过扫码观看任务操作视频，既可以在课前结合引导问题进行学习准备，也可以在课程中使用记录操作要点，还可以在课后复习和巩固技能。

第三，教材的任务评价采用过程评价与结果评价相结合的方式，评价对象包括准备工作、操作、技术规范和职业素养等，评价结果可检测、可衡量，便于教师操作。

第四，教材均采用彩色印刷，更加形象、生动地展示操作内容，使用左图右文的内容呈现形式，版面简洁、清晰，重点突出，为学生提供沉浸式学习体验。

本套教材的编写得到了有关省市人力资源社会保障部门、技工院校的大力支持和帮助，在此我们表示诚挚的谢意。

人力资源社会保障部教材办公室

2022 年 7 月

目　录
CONTENTS

任务一 双柱液压举升机的使用

学习目标

1. 能说出双柱液压举升机的结构与工作原理。
2. 能正确使用双柱液压举升机举升车辆。
3. 能说出双柱液压举升机的操作步骤及注意事项。

任务描述

一辆丰田卡罗拉 1.6 L 轿车进店维护，需要举升车辆对底盘进行检查，本任务的主要内容是用双柱液压举升机举升车辆。

问题 1：车辆举升完毕后应如何锁止？

____

____

问题 2：双柱液压举升机与剪式举升机有什么区别？双柱液压举升机更适合哪种场合使用？

____

____

相关知识

双柱液压举升机是汽车日常维护中经常用到的一种举升机，其主要由立柱组件、举升臂组件、液压油缸、液压泵站、控制盒和横梁组件等组成，按下举升按钮即可升起举升臂，按下卸荷手柄能降低举升臂或使其锁止（如下图所示）。一般通用型乘用车举升机的额定举升载荷为4 t，且车辆自重不可超过额定载荷，否则会造成车辆从举升机跌落、举升机倾倒等安全事故。维修人员在使用举升机时要特别注意在车辆举升到所需高度后，必须锁止举升机，确保安全、可靠后才可开始车底作业。在用举升机升降车辆时，不得有人站在举升机下面。

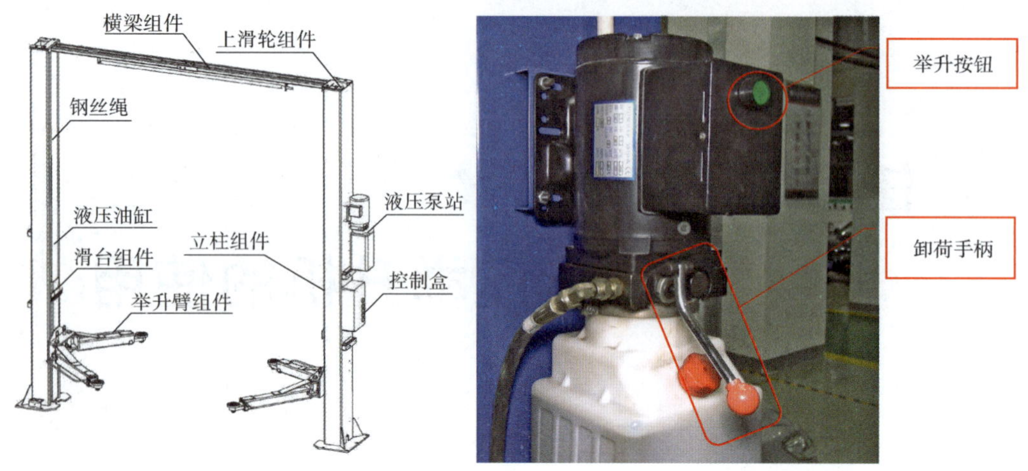

任务准备

1. 工具器材

操作前需要准备以下设备、工具及辅助材料等（以单工位为例）。

设备、 工具及辅助材料

序号	名称	规格	数量
1	丰田卡罗拉轿车	1.6 L	1
2	举升机	双柱式	1
3	棉纱手套	/	2

2. 小组分工

职务	代码	姓名	工作内容
组长	A		
组员	B		
	C		
	D		
	E		

任务实施

序号	图示	步骤及技术要点
1		首先将四个举升臂置于______位置
2		将同一立柱上的两举升臂置于______位置，将举升臂缩至最短
3		车辆驶入工位，尽量使汽车重心位于____________ 注意：车辆没有停在举升机中间会造成举升臂托盘（撑脚）无法支撑车辆支撑点的情况
4		调整举升臂长度，按汽车使用说明书的规定选好托举位置，调整______高度 注意：四个撑脚高度应调整______
5		按下举升按钮，车辆上升
6		当车辆举升到离地面________mm左右时，应停止举升，检查举升臂锁紧装置是否锁止

续表

序号	图示	步骤及技术要点
7		前后晃动车辆，检查举升臂支撑是否合理、安全，举升机运行是否正常，一切正常，才可继续举升 注意：在举升时，严禁____________________
8		举升至适当高度后松开按钮，按下手动卸荷手柄，使举升臂置于保险装置上 注意：当举升机进入保险状态后，人员才能进入车下作业
9		放下汽车时，首先____________举升按钮，使举升臂略上升一点
10	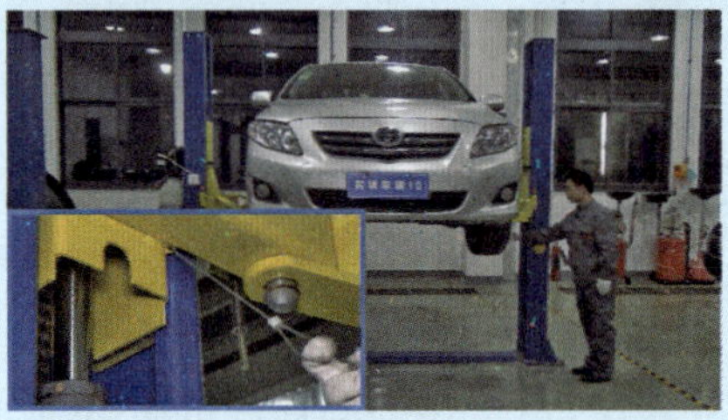	分别拉动左右举升臂____________________，使保险撑板脱离立柱保险座块 注意：点动上升高度不够可能会造成保险撑板不能正常脱离立柱保险座块，从而使车辆无法下降
11		按下手动卸荷手柄，使车辆下降 注意：下降作业时应检查车辆下部，确保车下无人和物
12		将车辆驶离工位，并将举升机举升臂归位

任务评价

<table>
<tr><th>项目</th><th>作业内容</th><th>评价要点</th><th>配分</th><th>评价</th></tr>
<tr><td rowspan="8">准备工作</td><td rowspan="2">场地准备</td><td>工位应干净、整洁，地面无油污</td><td>1</td><td>☐</td></tr>
<tr><td>车辆停靠在合适位置</td><td>1</td><td>☐</td></tr>
<tr><td rowspan="2">车辆防护</td><td>车辆熄火并启用驻车制动</td><td>2</td><td>☐</td></tr>
<tr><td>铺设翼子板、前格栅布及车内四件套</td><td>2</td><td>☐</td></tr>
<tr><td rowspan="2">人员防护</td><td>工作服穿戴整齐</td><td>2</td><td>☐</td></tr>
<tr><td>操作时应佩戴棉纱手套</td><td>2</td><td>☐</td></tr>
<tr><td rowspan="2">检查工作</td><td>检查举升机各开关阀门是否正常</td><td>3</td><td>☐</td></tr>
<tr><td>检查举升机各阀门及液压系统是否泄漏</td><td>2</td><td>☐</td></tr>
<tr><td rowspan="10">操作</td><td rowspan="6">操作要点</td><td>能正确检查车辆停放位置</td><td>5</td><td>☐</td></tr>
<tr><td>能正确使用举升机举升臂</td><td>8</td><td>☐</td></tr>
<tr><td>能正确使用举升机举升臂锁紧装置</td><td>9</td><td>☐</td></tr>
<tr><td>能举升车辆至离地 100 mm 左右并检查举升臂支撑安全性</td><td>8</td><td>☐</td></tr>
<tr><td>能使用卸荷手柄，将车辆置于保险装置上</td><td>10</td><td>☐</td></tr>
<tr><td>在降下车辆前，能知道应先使举升臂略上升一点，并拉动左右举升臂保险脱钩钢丝，使保险撑板脱离立柱保险座块并下降</td><td>10</td><td>☐</td></tr>
<tr><td rowspan="4">技术规范</td><td>能查阅铭牌说出举升机的型号及额定举升载荷</td><td>5</td><td>☐</td></tr>
<tr><td>能说出车辆举升位置和举升时的注意事项</td><td>5</td><td>☐</td></tr>
<tr><td>掌握举升机安全保护装置的锁止和解锁方法</td><td>5</td><td>☐</td></tr>
<tr><td>掌握举升离地 100 mm 时检查举升臂支撑安全性的方法</td><td>5</td><td>☐</td></tr>
<tr><td rowspan="4">职业素养</td><td rowspan="2">安全及合作</td><td>特殊操作应佩戴安全帽、防酸碱手套或绝缘手套、护目镜等防护用品</td><td>5</td><td>☐</td></tr>
<tr><td>小组作业时应互相配合、合理分工，不可发生争执</td><td>5</td><td>☐</td></tr>
<tr><td rowspan="2">“5S”管理</td><td>注意安全操作，不可随意放置工具、量具且不应有其他安全隐患</td><td>3</td><td>☐</td></tr>
<tr><td>地上有油污时应及时擦掉，废弃物应环保处理</td><td>2</td><td>☐</td></tr>
<tr><td colspan="3">总评分</td><td colspan="2"></td></tr>
</table>

任务二 空气滤清器的维护

学习目标

1. 能说出空气滤清器维护的重要性。
2. 能说出所操作车型空气滤清器在车上的安装位置。
3. 能正确使用工具维护空气滤清器。
4. 能说出空气滤清器维护的操作步骤。

任务描述

一辆丰田卡罗拉双擎 1.8 L 轿车进店维护，客户反映车辆已经使用超过 3 年，行驶总里程 50 000 km，现需要对该车辆进行全面维护，本任务的主要内容是空气滤清器的维护。

问题 1：说出空气滤清器的维护需用到哪些工具？

____

____

问题 2：汽车空气滤清器为什么需要维护？哪些特殊情况下需要专门维护？

____

____

相关知识

一般乘用车建议每隔 5 000 km 检查空气滤清器，15 000 km 应更换空气滤清器滤芯。汽车发动机是非常精密的部件，极小的杂质都会损伤发动机，因此，空气在进入气缸之前，必须先经过空气滤清器进行细密过滤，才能进入气缸。空气滤清器状态的好坏关系着发动机的寿命，如果空气滤清器滤芯过脏，会使发动机进气不足、燃烧不完全，导致发动机工作不稳定、动力下降、油耗增加等。空气滤清器由滤芯和壳体两部分组成，其主要要求是滤清效率高，流动阻力低，能较长时间连续使用。

 任务准备

1. 工具器材

操作前需要准备以下设备、工具及辅助材料等（以单工位为例）。

设备、 工具及辅助材料

序号	名称	规格	数量
1	丰田卡罗拉轿车	1. 8 L 混动	1
2	空气滤清器滤芯	混动丰田卡罗拉专用	1
3	工具车及配套工具①	JTC 三层	1
4	零件车	/	1
5	棉纱手套	/	2
6	抹布	/	1

2. 小组分工

职务	代码	姓名	工作内容
组长	A		
组员	B		
	C		
	D		
	E		

 任务实施

序号	图示	步骤及技术要点
1		用抹布将空气滤清器外壳的杂物及灰尘清洁干净

① JTC 三层工具车包含：第一层 1/2 英寸系列棘轮扳手及配套接杆与套筒、3/8 英寸系列棘轮扳手及配套接杆与套筒；第二层 1/4 英寸系列棘轮扳手及配套接杆与套筒、梅花开口两用扳手（8～21 mm）、L 形内六角扳手套装、L 形短星型扳手套装；第三层 8 英寸鲤鱼钳、6 英寸斜口钳、6 英寸尖嘴钳、高压气枪、三爪机滤扳手、可弯式吸棒、LED 正负极验电笔（测试灯）、一字红柄旋具两把、十字红柄旋具两把、卡扣起子、铁锤、平型钢錾、内饰板塑料撬板。

续表

序号	图示	步骤及技术要点
2		用手松开空气滤清器上盖__________
3		用套筒工具松开______________ 工具型号：________棘轮扳手 套筒型号：________mm
4		拆开空气滤清器上盖，将空气流量计__________拔下，取走空气滤清器上盖 注意：拔下空气流量计连接器时应先松开________，避免损坏连接器
5		取出空气滤清器滤芯，用抹布清洁空气滤清器下盖
6		检查空气滤清器下盖有无________、________等缺陷
7	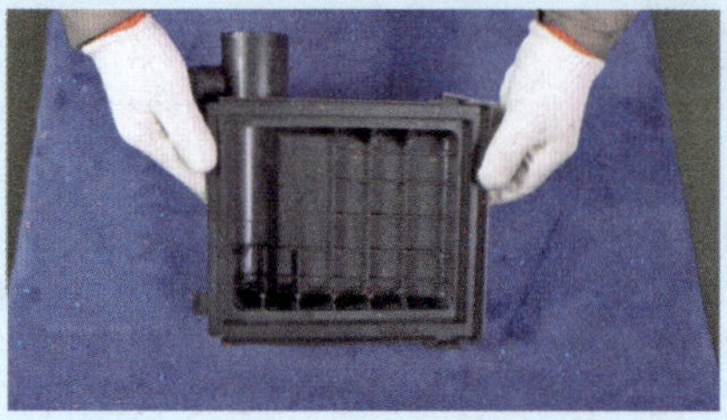	检查空气滤清器上盖有无________、________等缺陷

续表

序号	图示	步骤及技术要点
8		用压缩空气在空气滤清器滤芯反面沿________方向除尘 注意：如果滤芯表面有树叶、绒毛等大颗粒异物，应先将异物清理干净，再用压缩空气除尘
9		将已清洁或者新的空气滤清器滤芯装入空气滤清器下盖
10		连接空气流量计连接器
11		将空气滤清器上盖安装到位，用手扣上________个固定卡扣
12		用套筒工具紧固进气管卡箍 注意：紧固卡箍螺栓时，用手晃动________，如果卡箍无法晃动则表明螺栓紧固已到位
13		按照“5S”要求清洁并恢复场地

任务评价

项目	作业内容	评价要点	配分	评价
准备工作	场地准备	工位应干净、整洁，地面无油污	1	□
		车辆停靠在合适位置	1	□
	车辆防护	铺设翼子板及前格栅布	2	□
		铺设车内四件套	2	□
	人员防护	工作服穿戴整齐	2	□
		操作时应佩戴棉纱手套	2	□
	检查工作	检查工具箱内的工具是否齐全、整洁	3	□
		检查车辆空气管路应无开裂、老化现象，且密封良好	2	□
操作	操作要点	能用抹布清洁空气滤清器外壳的杂物并能松开空气滤清器上盖固定卡扣	5	□
		能用套筒工具松开进气管卡箍	8	□
		能正确拔下空气流量计连接器	9	□
		能正确取下空气滤清器上、下盖，并检查有无裂纹、破损	8	□
		能正确装入空气滤清器滤芯并正确安装空气滤清器滤芯上盖固定卡扣	10	□
		能正确安装空气流量计连接器并用套筒工具紧固进气管卡箍	10	□
	技术规范	能说出空气滤清器的作用	5	□
		能知道空气滤清器上盖的紧固方式	5	□
		能掌握拆卸空气流量计连接器时应先松开卡夹	5	□
		能掌握紧固进气管卡箍时，用手无法晃动卡箍则表明螺栓已紧固到位	5	□
职业素养	安全及合作	特殊操作应佩戴安全帽、防酸碱手套或绝缘手套、护目镜等防护用品	5	□
		小组作业时应互相配合、合理分工，不可发生争执	5	□
	“5S”管理	注意安全操作，不可随意放置工具、量具且不应有其他安全隐患	3	□
		地上有油污时应及时擦掉，废弃物应环保处理	2	□
总评分				

任务三 汽油滤清器的更换

学习目标

1. 能说出汽油滤清器在燃油系统中的重要性。
2. 能说出汽油滤清器在车上的安装位置。
3. 能正确使用工具更换汽油滤清器。
4. 能说出更换汽油滤清器的操作步骤。

任务描述

一辆上海大众 POLO 1.4 L 轿车进店维护，客户反映车辆已经使用超过 6 年，行驶总里程 80 000 km，汽油滤清器滤芯已超出保养周期且从未更换过。请按照技术规范完成汽油滤清器的更换。

问题 1：为什么在更换汽油滤清器前应完成管路泄压操作？

____

____

问题 2：在更换完汽油滤清器滤芯后，为什么要反复开关点火开关三次后再启动发动机？

____

____

相关知识

汽油滤清器用于滤除汽油中的杂质，如果汽油滤清器过脏会造成车辆加速无力、启动困难等现象。

汽油滤清器根据安装位置不同，有汽油箱内置式和外置式两种。更换内置式汽油滤清器时需要拆出汽油箱内的汽油泵总成，操作比较复杂，但更换周期较长，通常建议每隔 6 年或 60 000 km 更换。外置式汽油滤清器的更换方法相对简单，更换周期通常为 2 年或 20 000 km。外置式汽油滤清器一般由外壳及中间的滤芯两部分组成，外壳有一进一出两个接口，没有调压作用。由于现代汽车发动机采用缸内直喷技术，汽油滤清器中加入了压力调节阀，已经具有初级调压功能，外壳由进油口、回油口、出油口三个接口组成。本任务以大众 POLO 轿车汽油滤清器为例，属于外置式无压力类型，因此汽油滤清器的更换周期应根据维修手册规定的公里数或时间确定。

任务准备

1. 工具器材

操作前需要准备以下设备、工具及辅助材料等（以单工位为例）。

设备、工具及辅助材料

序号	名称	规格	数量
1	上海大众 POLO 轿车	1.4 L	1
2	举升机	双柱式	1
3	工具车及配套工具	JTC 三层	1
4	抹布	/	1
5	零件车	/	1
6	抽油机（含带接油盘的废油回收桶）	/	1
7	棉纱手套	/	2

2. 小组分工

职务	代码	姓名	工作内容
组长	A		
组员	B		
	C		
	D		
	E		

任务实施

序号	图示	步骤及技术要点
1		拆下汽油泵________
2		启动发动机，使发动机________运转，直至发动机自行熄火，卸除燃油管中的__________
3		再次启动发动机，确认发动机不能启动
4		关闭点火开关，用举升机升起车辆
5		拆下汽油滤清器的________管、________管和________管 注意：拆卸时，将抽油机置于汽油滤清器下方，回收管内流出的汽油，应先松开________再拔下油管，不能暴力拉拽油管，否则容易损坏卡扣及油管
6		拆下固定螺钉，从卡箍中取下旧的汽油滤清器

续表

序号	图示	步骤及技术要点
7	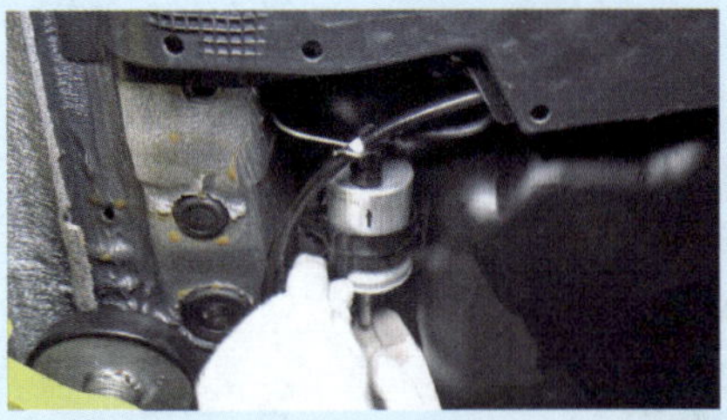	将新的汽油滤清器装进卡箍，并拧紧固定螺钉
8	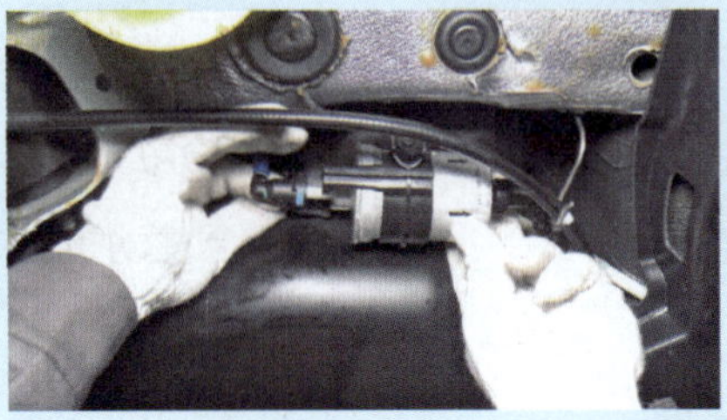	分别连接进油管、回油管和出油管三根管路，并检查是否连接牢靠 注意：汽油滤清器箭头方向应指向________
9		用抹布清洁管路上流出的汽油
10		将车辆从举升机上降下
11		安装汽油泵________
12		打开点火开关但不启动发动机等待3 s，再关闭点火开关，重复此操作3次，以________

续表

序号	图示	步骤及技术要点
13		启动发动机怠速运转，再次举升车辆并检查管路连接处是否有泄漏。最后按照“5S”要求恢复场地 注意：如有泄漏，应检查管路并重新拆卸后安装

任务评价

项目	作业内容	评价要点	配分	评价
准备工作	场地准备	工位应干净、整洁，地面无油污	1	□
		车辆停靠在合适位置	1	□
	车辆防护	铺设翼子板及前格栅布	2	□
		铺设车内四件套	2	□
	人员防护	工作服穿戴整齐	2	□
		操作时应佩戴棉纱手套	2	□
	检查工作	检查工具箱内的工具是否齐全、整洁	3	□
		检查车辆汽油管路应无开裂、老化现象，且应密封良好	2	□
操作	操作要点	能用专用工具拆卸发动机汽油泵熔丝	5	□
		能根据维修手册找到汽油滤清器位置	8	□
		能拆下汽油滤清器上的管路接头并取下汽油滤清器	9	□
		能使用工具安装汽油滤清器并正确连接管路	8	□
		能用专用工具安装发动机汽油泵熔丝	10	□
		能操作点火开关建立管路油压并启动发动机检查安装情况	10	□
	技术规范	能根据维修手册查找发动机汽油泵熔丝位置	5	□
		能正确完成汽油管路的泄压操作	5	□
		能正确连接汽油滤清器的进油管、出油管和回油管	5	□
		能按照操作步骤完成安装后的管路泄漏检查工作	5	□
职业素养	安全及合作	特殊操作应佩戴安全帽、防酸碱手套或绝缘手套、护目镜等防护用品	5	□
		小组作业时应互相配合、合理分工，不可发生争执	5	□
	“5S”管理	注意安全操作，不可随意放置工具、量具且不应有其他安全隐患	3	□
		地上有油污时应及时擦掉，废弃物应环保处理	2	□
总评分				

任务四 冷却液的更换

学习目标

1. 能说出发动机冷却液检查和更换的周期。
2. 能说出冷却液的特性及作用。
3. 能正确排放发动机中旧的冷却液并进行加注操作。
4. 能说出更换冷却液的操作步骤及注意事项。

任务描述

一辆丰田卡罗拉1.6 L轿车进店维护，客户反映车辆已经使用超过3年，行驶总里程60 000 km，根据维护手册要求需要更换冷却液，请按照技术规范完成任务。

问题1：视频中的车型分别从哪两个位置排出旧的冷却液？

____

____

问题2：冷却液更换完毕，为什么需要启动发动机使其运转到冷却风扇转动？

____

____

相关知识

一般乘用车建议每隔5 000 km对冷却液进行检查，每两年或行驶40 000 km更换冷却液。

冷却液在发动机水箱内循环，起到防冻、防沸、防锈、防腐蚀等作用，保护发动机正常、良好运行。冷却液的颜色一般为红色或绿色，以便观察其是否泄漏，或与发动机其他液体相区别，避免混淆。发动机冷却液常见的是乙二醇－水溶液，注意不可用自来水替代冷却液。冷却液中添加了很多的添加剂，难以通过目视来判断冷却液的变质程度，所以需要根据行驶里程或时间长短来判断。

检查或更换冷却液首先要测量冷却液冰点，其次在更换时要防止其泄漏，避免热的冷却液喷出伤人。若有泄漏，注意不要将泄漏的部分残留在车辆部件上，还要保证将原冷却液释放干净（散热器和缸体中的都要放掉），将新冷却液添加到标准量，最后确认添加新冷却液后是否有泄漏。

任务准备

1. 工具器材

操作前需要准备以下设备、工具及辅助材料等（以单工位为例）。

设备、工具及辅助材料

序号	名称	规格	数量
1	丰田卡罗拉轿车	1.6 L	1
2	举升机	双柱式	1
3	工具车及配套工具	JTC 三层	1
4	冷却液	4 L	2
5	化油器清洗剂	450 mL	1
6	预置式扭力扳手	5～25 N · m	1
7	零件车	/	1
8	盛水容器	/	2
9	棉纱手套	/	2

2. 小组分工

<table>
<tr><th>职务</th><th>代码</th><th>姓名</th><th>工作内容</th></tr>
<tr><td>组长</td><td>A</td><td></td><td></td></tr>
<tr><td rowspan="4">组员</td><td>B</td><td></td><td rowspan="4"></td></tr>
<tr><td>C</td><td></td></tr>
<tr><td>D</td><td></td></tr>
<tr><td>E</td><td></td></tr>
</table>

任务实施

序号	图示	步骤及技术要点
1		将车辆停放在水平地面上，准备好盛水容器
2		拧下__________，若发动机处于______状态，不要急于将盖拧下，以防热的冷却液喷出烫伤手、脸 注意：若急于打开，须在 15 min 后用较厚的布垫在储液罐盖上或包住储液罐盖，慢慢拧松储液罐盖，待储液罐______再拧开储液罐盖
3		用举升机升起车辆
4		松开散热器放水螺塞，将冷却液收集到盛水容器中
5		冷却液放净后，紧固散热器放水螺塞 注意：用化油器清洗剂清洁附着在底盘上的冷却液

续表

序号	图示	步骤及技术要点
6		松开气缸体放水螺塞，将冷却液收集到盛水容器中
7		用预置式扭力扳手紧固气缸体放水螺塞，放水螺塞扭矩为____N·m 注意：用化油器清洗剂清洁附着在底盘上的冷却液
8	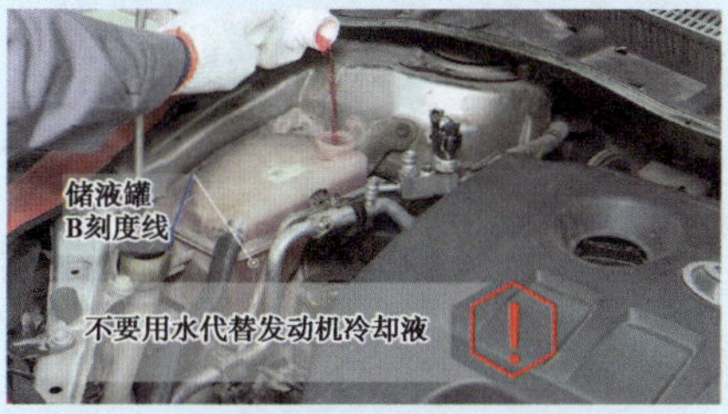	选择合适的冷却液，将冷却液添加至储液罐______刻度线 注意：不要用______代替发动机冷却液
9	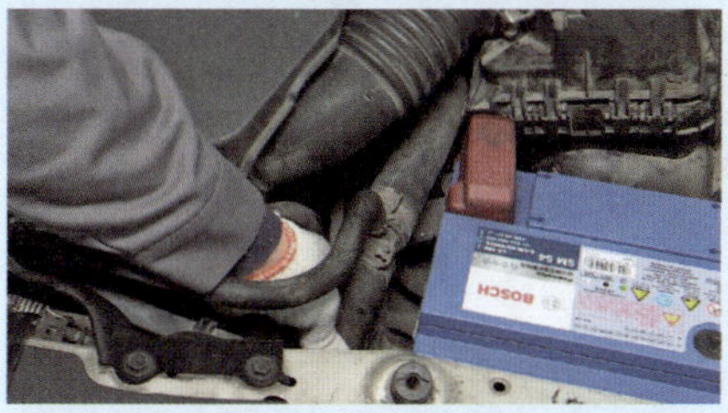	用手按压散热器进水软管和出水软管数次，检查冷却液液位。如果冷却液液位过低，继续添加冷却液
10	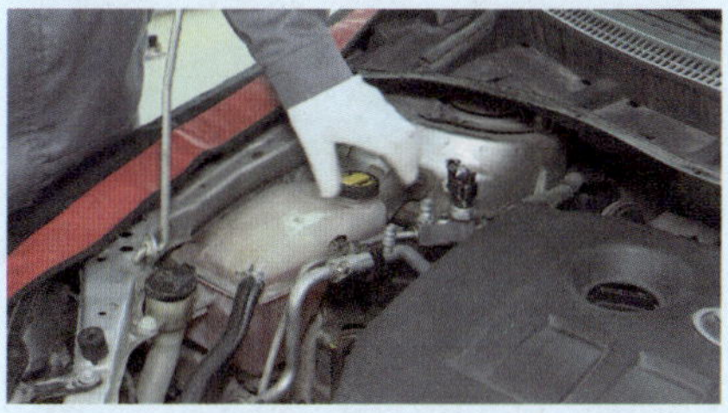	安装储液罐盖，使发动机充分暖机 注意：启动发动机前，关闭空调开关。关闭空调的目的是____________ ______________________________ ______________________________ ______________________________
11		发动机暖机至节温器打开。节温器打开时，使冷却液循环数分钟。按压散热器进水软管可以确认节温器的开启时间，并感觉发动机冷却液从何时开始流入软管。节温器打开说明冷却系统进入__________

续表

序号	图示	步骤及技术要点
12		发动机暖机后，踩下加速踏板，发动机以 3 000 r/min 的转速运转 5 s，松开加速踏板，怠速运转 45 s。按此周期重复操作至少____次
13		用手按压散热器进水软管和出水软管数次，以排空系统内________ 注意：按压散热器软管时需戴保护手套，当心烫伤，并远离____________
14	检查并确认冷却液液位在FULL和LOW刻度线之间	发动机冷却后，检查并确认冷却液液位应在________和________刻度线之间。如果冷却液液位低，则向储液罐内继续添加冷却液至________刻度线
15		回收工具，将换下的冷却液环保处理，并按照“5S”要求恢复场地

任务评价

项目	作业内容	评价要点	配分	评价
准备工作	场地准备	工位应干净、整洁，地面无油污	1	☐
		车辆停靠在合适位置	1	☐
	车辆防护	铺设翼子板及前格栅布	2	☐
		铺设车内四件套	2	☐
	人员防护	工作服穿戴整齐	2	☐
		操作时应佩戴棉纱手套	2	☐
	检查工作	检查工具车配套工具是否齐全、整洁	3	☐
		检查冷却系统管路应无开裂、老化现象，且应密封良好	2	☐

续表

项目	作业内容	评价要点	配分	评价
操作	操作要点	能正确拧下储液罐盖，并用举升机升起车辆	5	□
		能拧松散热器放水螺塞收集冷却液，并在排空后紧固放水螺塞	8	□
		能拧松气缸体放水螺塞收集冷却液，并在排空后紧固放水螺塞	8	□
		能添加冷却液至储液罐并保持合适液位	8	□
		能运行发动机使其充分暖机并检查节温器是否打开	8	□
		能将发动机在暖机后加速到 3 000 r/min 再怠速，重复 8 次	8	□
		能在发动机冷却后检查液位高度，使其达到合适位置	5	□
	技术规范	能查阅技术资料选择发动机冷却液型号	5	□
		能查阅维修资料说出气缸体放水螺塞的扭矩	5	□
		能按照维修手册要求使发动机暖机，使冷却液循环到位	5	□
		掌握冷却液液位检查的方法及注意事项	5	□
职业素养	安全及合作	特殊操作应佩戴安全帽、防酸碱手套或绝缘手套、护目镜等防护用品，冷却液接触皮肤应及时清洗	5	□
		小组作业时应互相配合、合理分工，不可发生争执	5	□
	“5S”管理	注意安全操作，不可随意放置工具、量具且不应有其他安全隐患	3	□
		地上有油污时应及时擦掉，废弃物应环保处理	2	□
总评分				

任务五 发动机润滑油的更换

学习目标

1. 能说出汽车更换发动机润滑油的周期及原因。
2. 能查阅维修手册，选出发动机所需要的润滑油黏度等级。
3. 能说出发动机保养的注意事项。
4. 能完成发动机润滑油更换的操作任务。

任务描述

一辆丰田卡罗拉 1.6 L 轿车进店维护，客户反映该车到维护周期，要求更换发动机润滑油，本任务的主要内容是发动机润滑油的更换。

问题 1：加注润滑油时应如何检查润滑油量是否符合要求？

____

____

问题 2：在换油过程中，润滑油添加完毕为什么要运行发动机并升起车辆进行检查？

____

____

相关知识

一般乘用车建议每隔 6 个月或行驶 5 000 km 对发动机润滑油进行更换。发动机润滑油（简称机油）能对发动机起到润滑减磨、辅助冷却降温、密封防漏、防锈防蚀、减振缓冲等作用。润滑油由基础油和添加剂两部分组成。基础油是润滑油的主要成分，决定着润滑油的基本性质，添加剂则可弥补和改善基础油性能方面的不足，是润滑油的重要组成部分。

发动机润滑油在使用过程中会因高温氧化、燃油混合气侵蚀等原因润滑效果降低，所以更换发动机润滑油是汽车维护的常规项目，每一个汽车维修技师都必须非常熟练地完成该项目的操作。更换发动机润滑油的同时还必须更换润滑油滤清器。

发动机润滑油的黏度采用美国 SAE 润滑油分类法，冬季用油牌号分别为 0W、5W、10W、15W、20W、25W，符号 W 代表冬季，W 前的数字越小，其低温黏度越小，低温流动性越好，适用的最低气温越低；夏季用油牌号分别为 20、30、40、50，数字越大，其黏度越大，适用的最高气温越高。一般应按照车辆维修手册要求选择指定牌号的润滑油。

任务准备

1. 工具器材

操作前需要准备以下设备、工具及辅助材料等（以单工位为例）。

设备、工具及辅助材料

序号	名称	规格	数量
1	丰田卡罗拉轿车	1.6 L	1
2	举升机	双柱式	1
3	工具车及配套工具	JTC 三层	1
4	润滑油	5W-20， 4 L	1
5	机油滤芯	丰田卡罗拉专用	1
6	化油器清洗剂	450 mL	1
7	预置式扭力扳手	10 ~ 50 N · m	1
8	零件车	/	1
9	机油滤芯专用套筒	通用	1
10	抽油机	/	1
11	棉纱手套	/	2

2. 小组分工

职务	代码	姓名	工作内容
组长	A		
组员	B		
	C		
	D		
	E		

任务实施

序号	图示	步骤及技术要点
1		将车辆停放在平坦的地面上，打开发动机引擎盖，铺设翼子板、前格栅布和车内四件套
2		启动发动机使其处于热态，然后________
3		拧下润滑油____________，用举升机将车辆升起至合适高度
4		拧下油底壳上的放油螺塞，趁热放出润滑油至抽油机接油盘中
5		用________________拆卸机油滤清器，放净润滑油
6		检查机油滤清器底座，并用干净的棉布擦拭干净

续表

序号	图示	步骤及技术要点
7	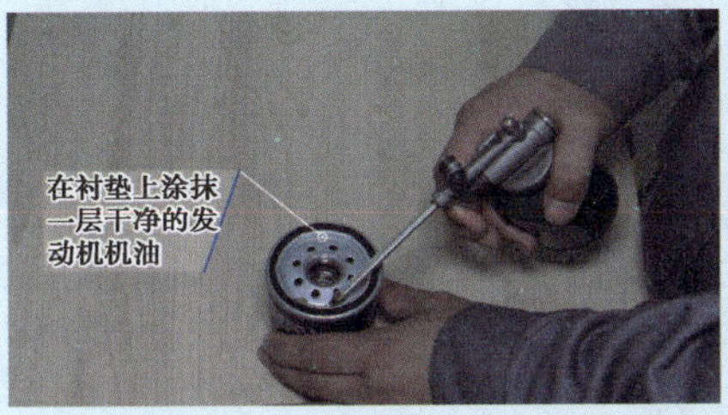	在新机油滤清器的衬垫上涂抹一层干净的发动机润滑油 注意：如果没有涂抹新润滑油润滑，可能会造成安装时________________，造成机油滤芯漏油
8	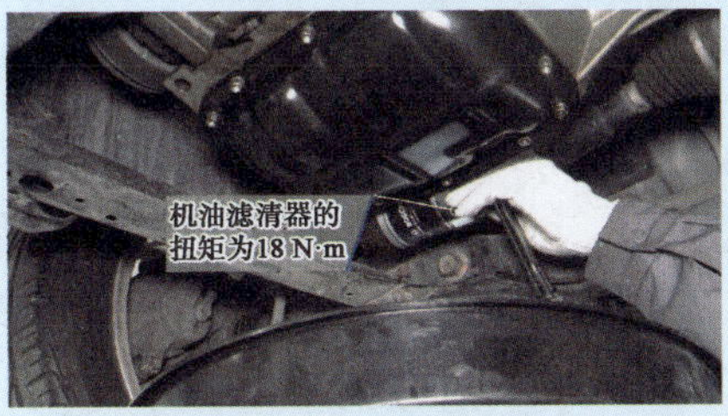	将机油滤清器轻轻地旋到位并拧紧，扭矩为______N·m（依据维修手册给出扭矩范围） 注意：用链条扳手或三爪扳手安装新滤芯会造成滤芯外壳变形，应避免这种情况的发生
9	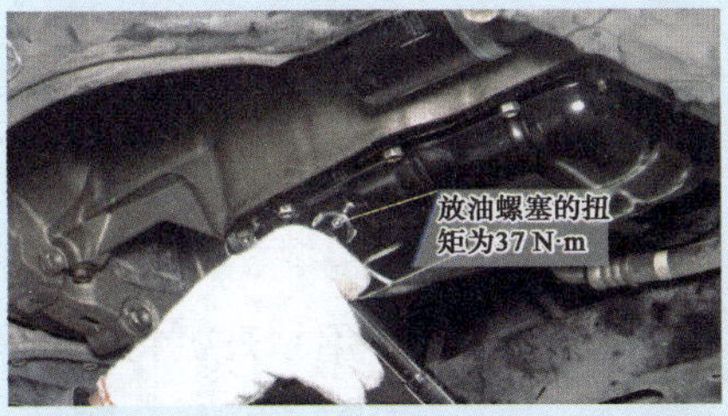	更换新的放油螺塞垫圈后，安装油底壳放油螺塞，使用预置式扭力扳手拧紧，扭矩为____N·m（依据维修手册给出扭矩范围）
10		用抹布将放油螺塞和机油滤清器衬垫处残留的润滑油擦拭干净
11	 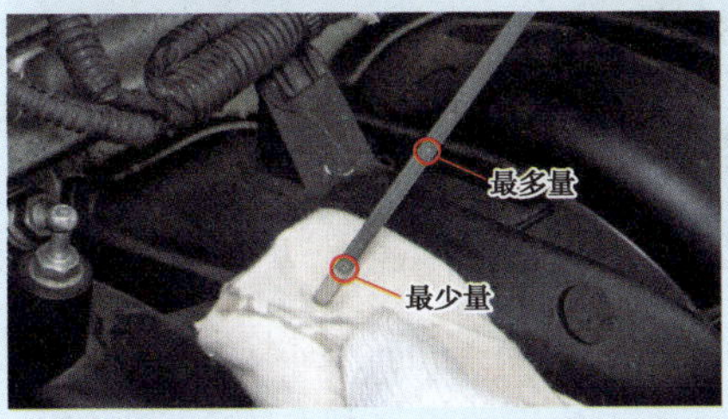	降下车辆。按规定容量加注新的润滑油，并拔出润滑油标尺检查润滑油液面高度 注意：润滑油油迹应处于__________中间，说明润滑油量合适

续表

序号	图示	步骤及技术要点
12	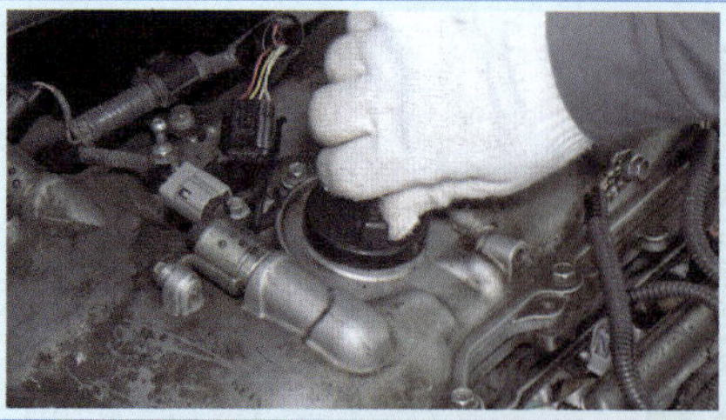	安装润滑油加注口盖
13	 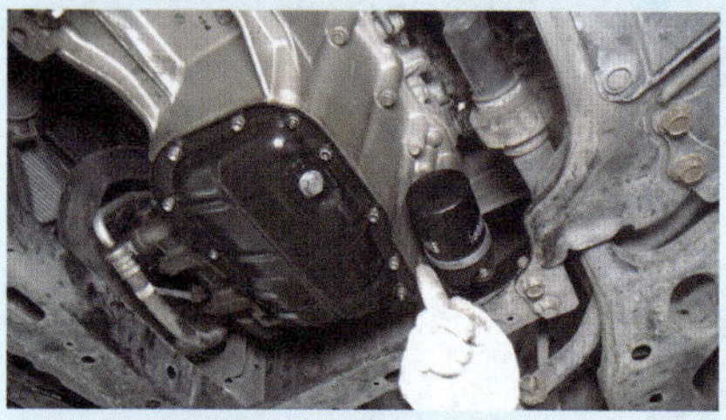	启动发动机怠速运转，用举升机将车辆升起至合适高度，检查放油螺塞及机油__________处是否有泄漏
14		用举升机将车辆降至水平地面，发动机________运转至暖机，然后使发动机停机，并等待 5 min
15	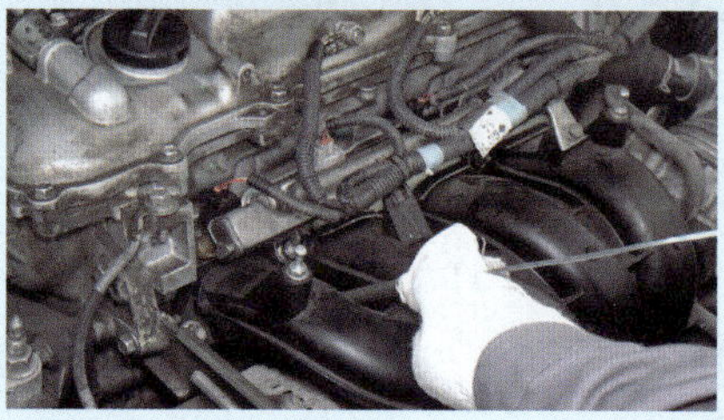	拔出润滑油标尺，用洁净软布擦去润滑油标尺上面黏附的润滑油，然后将润滑油标尺再次完全插入油底壳
16	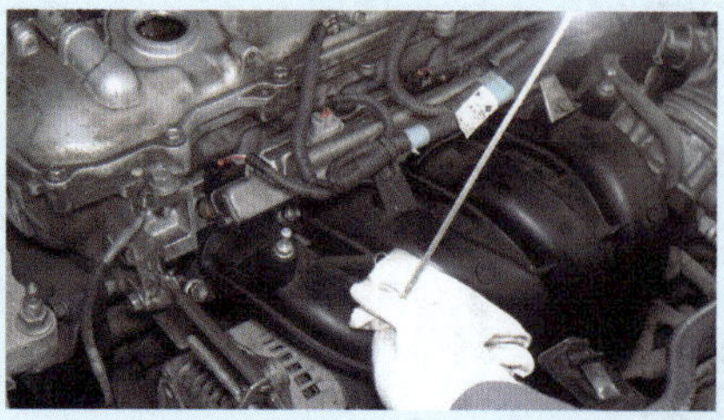	拔出润滑油标尺，观察润滑油标尺的润滑油黏附高度 注意：润滑油标尺上的两条刻线，上刻线表示润滑油的最多量，下刻线表示____________。若润滑油油迹处于上下刻线中间，说明__________；若润滑油油迹低于下刻线，则表示__________，应添加相同规格的润滑油；若润滑油油迹高于上刻线，则表示__________，应适当放出

续表

序号	图示	步骤及技术要点
17		检查完毕后，装回润滑油标尺，并按照“5S”要求恢复场地

任务评价

项目	作业内容	评价要点	配分	评价
准备工作	场地准备	工位应干净、整洁，地面无油污	1	□
		车辆停靠在合适位置	1	□
	车辆防护	铺设翼子板及前格栅布	2	□
		铺设车内四件套	2	□
	人员防护	工作服穿戴整齐	2	□
		操作时应佩戴棉纱手套	2	□
	检查工作	检查工具车配套工具是否齐全、整洁	3	□
		检查机油滤芯专用套筒及预置式扭力扳手是否正常	2	□
操作	操作要点	能用抹布清洁润滑油加注口盖周围油迹，并打开润滑油加注口盖	5	□
		能拧下油底壳放油螺塞，将润滑油排入抽油机内	8	□
		能用机油滤芯专用套筒拆下机油滤清器，并检查机油滤清器底座	8	□
		能在新机油滤清器密封圈上涂抹润滑油并正确安装	8	□
		能正确安装油底壳放油螺塞	8	□
		能正确加注润滑油并检查润滑油量	8	□
		能运行发动机至暖机并升起车辆检查机油滤清器及放油螺塞处是否有泄漏	5	□
	技术规范	能查阅技术资料选择发动机润滑油的型号	5	□
		能根据车型选择发动机机油滤清器的型号	5	□
		能查阅技术资料说出放油螺栓及机油滤清器的拧紧力矩	5	□
		能根据润滑油标尺检查润滑油量	5	□

续表

<table>
<tr><th>项目</th><th>作业内容</th><th>评价要点</th><th>配分</th><th>评价</th></tr>
<tr><td rowspan="4">职业素养</td><td rowspan="2">安全及合作</td><td>特殊操作应佩戴安全帽、防酸碱手套或绝缘手套、护目镜等防护用品，制动液接触皮肤应及时清洗</td><td>5</td><td>□</td></tr>
<tr><td>小组作业时应互相配合、合理分工，不可发生争执</td><td>5</td><td>□</td></tr>
<tr><td rowspan="2">“5S”管理</td><td>注意安全操作，不可随意放置工具、量具且不应有其他安全隐患</td><td>3</td><td>□</td></tr>
<tr><td>地上有油污时应及时擦掉，废弃物应环保处理</td><td>2</td><td>□</td></tr>
<tr><td colspan="3">总评分</td><td colspan="2"></td></tr>
</table>

任务六 转向助力油的更换

学习目标

1. 能明确更换转向助力油的目的和意义。
2. 能查阅维修手册并说明转向助力油的型号和用量。
3. 能正确且规范地完成转向助力油的更换。

任务描述

一辆比亚迪 S6 进店维护，客户反映车辆已经使用超过 3 年，行驶总里程 60 000 km，维修技师建议更换转向助力油，本任务的主要内容是转向助力油的更换。

问题 1：如何将转向助力系统中旧的转向助力油排净？

____

____

问题 2：在换油过程中，为什么需要将车轮离地操作？

____

____

相关知识

汽车上配置的转向助力系统大致可以分为三类，分别是机械式液压动力转向系统、电子液压转向助力系统、电动转向助力系统。前两类在汽车使用一定周期后需要更换转向助力油。

一般汽车厂家并不严格规定转向助力油的更换周期。大多数汽车维修企业会参考其他同行业的服务企业或国外汽车公司的保养要求，并结合我国的道路状况、空气质量和使用人员的技术水平等因素做出比较合理的规定。为防止转向助力油过脏或变质，一般建议每 2 年或 30 000 km 更换一次转向助力油。

任务准备

1. 工具器材

操作前需要准备以下设备、工具及辅助材料等（以单工位为例）。

设备、工具及辅助材料

序号	名称	规格	数量
1	比亚迪 S6	2.0 L	1
2	举升机	双柱式	1
3	工具车及配套工具	JTC 三层	1
4	转向助力油	1 L	2
5	化油器清洗剂	450 mL	1
6	零件车	/	1
7	抽油机	/	1
8	棉纱手套	/	2

2. 小组分工

职务	代码	姓名	工作内容
组长	A		
组员	B		
	C		
	D		
	E		

任务实施

序号	图示	步骤及技术要点
1		打开转向储油罐盖，用________抽出转向储油罐中旧的转向助力油
2		用举升机升起车辆，使车轮离地
3		拆下储油罐回油软管，将软管出油口置于________中，向左、向右转动转向盘到极限位置，重复转动转向盘至少____次，将转向器及管路内的旧油排出
4	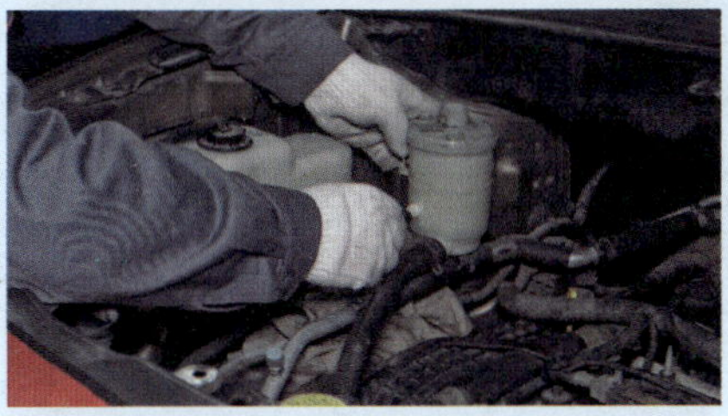	将回油软管重新安装到储油罐上并用弹簧卡箍卡紧，用化油器清洗剂清洁回油管接头处溢出的转向助力油
5	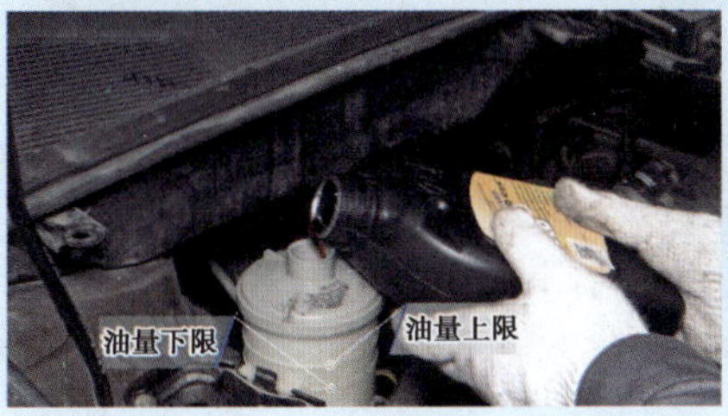	向储油罐中添加新的转向助力油至油量________

续表

序号	图示	步骤及技术要点
6	 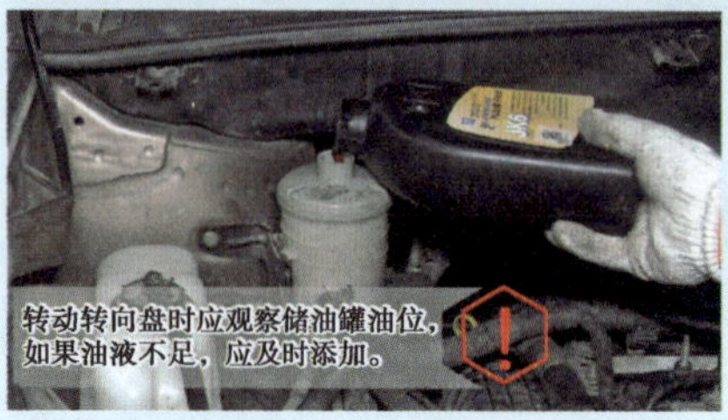 启动发动机，并使发动机怠速运转 转动转向盘时应观察储油罐油位，如果油液不足，应及时添加。	启动发动机，并使发动机怠速运转，向左、向右转动转向盘到极限位置，重复转动转向盘至少____次，将储油罐内新的油液循环到转向器内 注意：转动转向盘时应观察储油罐油位，如果油液不足，应及时添加
7		将车辆从举升机上降下，使车轮着地
8	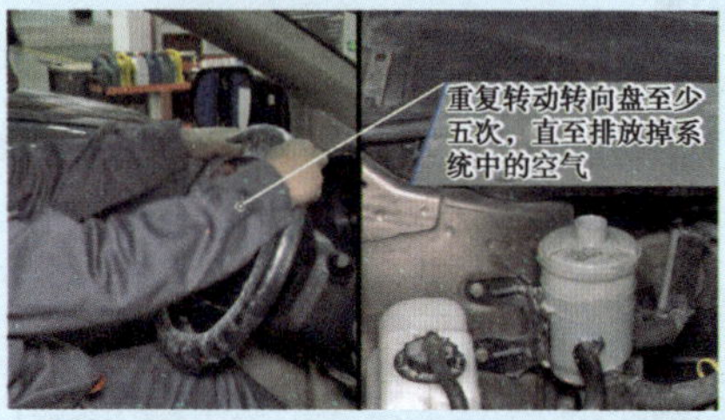 重复转动转向盘至少五次，直至排放掉系统中的空气	向左、向右转动转向盘到极限位置，重复转动转向盘至少____次，直至排放掉系统中的________
9		检查储油罐回油软管是否漏油，液位是否正常
10		关闭发动机，安装转向储油罐盖

任务评价

项目	作业内容	评价要点	配分	评价
准备工作	场地准备	工位应干净、整洁，地面无油污	1	□
		车辆停靠在合适位置	1	□
	车辆防护	铺设翼子板及前格栅布	2	□
		铺设车内四件套	2	□
	人员防护	工作服穿戴整齐	2	□
		操作时应佩戴棉纱手套	2	□
	检查工作	检查工具车内工具是否整洁、齐全	3	□
		检查抽油机各阀门开关是否正常，压力表是否归零	2	□
操作	操作要点	能用抹布清洁储油罐并抽取储油罐内旧的转向助力油	5	□
		能操作举升机使车轮离地	8	□
		能拆下储油罐回油软管并排出转向器及管路内的旧油	9	□
		能添加新油至储油罐	8	□
		能启动发动机怠速运转并转动转向盘使新油在系统内循环	10	□
		能降下车辆并转动转向盘排出系统内空气	10	□
	技术规范	能操作抽油机抽取旧油	5	□
		能掌握排空管路及转向器内旧油时，应将车轮离地	5	□
		能掌握向左、向右转动转向盘的目的是为了使转向助力液压缸活塞左、右移动推出残余旧油	5	□
		能掌握排出转向助力系统中空气必须向左、向右转动转向盘到极限位置，至少五次	5	□
职业素养	安全及合作	特殊操作应佩戴安全帽、防酸碱手套或绝缘手套、护目镜等防护用品，制动液接触皮肤应及时清洗	5	□
		小组作业时应互相配合、合理分工，不可发生争执	5	□
	“5S”管理	注意安全操作，不可随意放置工具、量具且不应有其他安全隐患	3	□
		地上有油污时应及时擦掉，废弃物应环保处理	2	□
总评分				

任务七 手动更换制动液

学习目标

1. 能根据车型选择合适的制动液型号。
2. 能正确使用工具更换乘用车制动液。
3. 能明确手动更换制动液的操作步骤及注意事项。

任务描述

一辆丰田卡罗拉 1.6 L 轿车进店维护，客户反映车辆已经使用超过 3 年，行驶总里程 50 000 km，维修技师建议更换制动液，本任务的主要内容是手动更换制动液。

问题 1：简述手动更换制动液时车内、车外操作人员的主要任务。

____

____

问题 2：在换油过程中，反复拧动轮缸排油口螺栓时应注意哪些问题？

____

____

相关知识

汽车制动液在使用过程中会吸收空气中的水分，导致制动系统管路内制动液沸点明显降低，制动时容易产生气阻，造成刹车失效，同时制动液中的水分会使管路发生锈蚀等。另外，制动液使用时间过长会变质产生沉淀，也有堵塞管路的危险。一般乘用车建议每隔两年或总里程 30 000 ~ 40 000 km 对制动液进行更换。手动更换制动液时必须两个维修人员配合操作，要特别注意反复拧动轮缸排油口螺栓容易造成螺栓滑牙，操作不当容易将空气混入制动管路内。

任务准备

1. 工具器材

操作前需要准备以下设备、工具及辅助材料等（以单工位为例）。

设备、 工具及辅助材料

序号	名称	规格	数量
1	丰田卡罗拉轿车	1.6 L	1
2	举升机	双柱式	1
3	废油回收罐	/	1
4	工具车及配套工具	JTC 三层	1
5	制动液	1 L	2
6	化油器清洗剂	450 mL	1
7	预置式扭力扳手	40 ~ 200 N · m	1
8	预置式扭力扳手	5 ~ 25 N · m	1
9	指针式扭力扳手	0 ~ 300 N · m	1
10	零件车	/	1
11	两用扳手	/	1
12	抽油机	/	1
13	棉纱手套	/	2

2. 小组分工

职务	代码	姓名	工作内容
组长	A		
组员	B		
	C		
	D		
	E		

任务实施

序号	图示	步骤及技术要点
1		打开发动机引擎盖，铺设翼子板、前格栅布和车内四件套
2		用指针式扭力扳手卸除车轮连接螺母的扭矩，用举升机将车辆升起，使车轮离地约________mm，并锁止
3		拆下四个车轮 工具名称及型号：____________、______________________ 套筒型号：_______
4		打开制动液储液罐盖，用抽油机抽出储液罐中旧的制动液 检查制动液型号：_______
5		加入新的制动液至储液罐上限位置

续表

序号	图示	步骤及技术要点
6	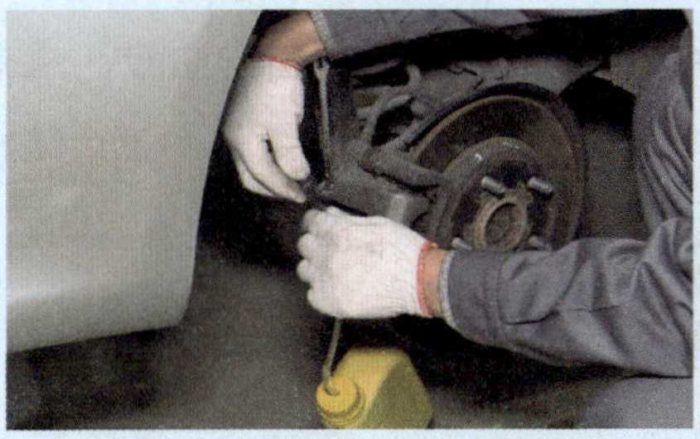	取下制动轮缸放油螺塞上的防尘套，将梅花扳手套在放油螺塞上，将废油回收罐上的软管连接到放油接口上。两用扳手型号为______ 注意：遵循____________的原则，先从离制动主缸最远的轮缸开始，丰田卡罗拉应先从_________开始
7		车内操作人员踩下制动踏板数次，直到有_____________时，踩住踏板不放
8		车下操作人员松开放油螺塞，放出旧的制动液，制动液不再溢出时，紧固放油螺塞
9		车内人员松开___________
10	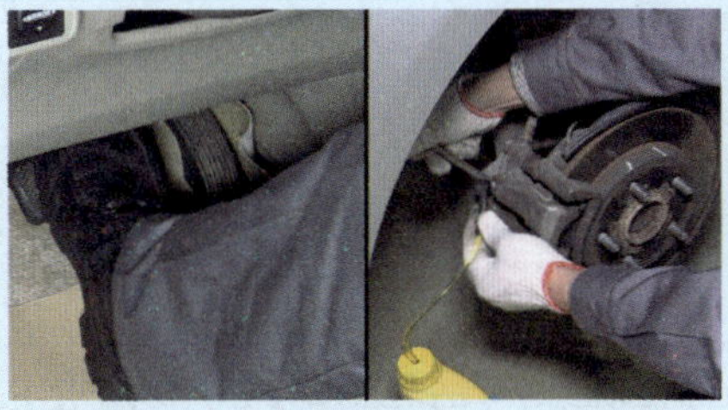	重复上述8～9步骤直至制动管路中旧的制动液和气体完全放出

续表

序号	图示	步骤及技术要点
11		完全紧固放油螺塞，清理放油螺塞上残留的油液，并检查放油螺塞是否密封良好，然后装好防尘套 前放油螺塞紧固力矩为______N·m，后放油螺塞紧固力矩为____N·m
12		对每个车轮重复上述步骤，完成四个车轮制动管路及轮缸制动液的更换 注意：制动液储液罐内的制动液应保持在下限以上，防止储液罐内制动液被放空导致________进入管路
13		最后检查储液罐的液面是否保持在________位置和________位置之间，装上储液罐盖
14		使用预置式扭力扳手（并体现标准扭矩）安装车轮，降下车辆并按照“5S”要求恢复场地

任务评价

项目	作业内容	评价要点	配分	评价
准备工作	场地准备	工位应干净、整洁，地面无油污	1	□
		车辆停靠在合适位置	1	□
	车辆防护	铺设翼子板及前格栅布	2	□
		铺设车内四件套	2	□
	人员防护	工作服穿戴整齐	2	□
		操作时应佩戴棉纱手套	2	□
	检查工作	检查制动管路应无开裂、老化现象，且应密封良好	3	□
		检查工具车内工具是否齐全且整洁	2	□

续表

项目	作业内容	评价要点	配分	评价
操作	操作要点	能用抹布清洁制动液储液罐、制动轮缸等主要部件	5	□
		能用抽油机抽取制动液储液罐内旧油	8	□
		能检查并添加新的制动液至储液罐上限位置	9	□
		能在车内通过踩刹车建立制动压力以便排除旧油	8	□
		能操作放油螺塞排除各车轮制动器内的旧油及空气	10	□
		能踩制动踏板施加制动力并检查放油螺塞处有无泄漏	10	□
	技术规范	掌握手动更换制动液的操作流程及注意事项	5	□
		掌握由远及近的原则选择排油顺序	5	□
		能按照标准力矩拧紧放油螺塞	5	□
		能按照提示选择合适型号的制动液	5	□
职业素养	安全及合作	特殊操作应佩戴安全帽、防酸碱手套或绝缘手套、护目镜等防护用品，制动液接触皮肤应及时清洗	5	□
		小组作业时应互相配合、合理分工，不可发生争执	5	□
	“5S”管理	注意安全操作，不可随意放置工具、量具且不应有其他安全隐患	3	□
		地上有油污时应及时擦掉，废弃物应环保处理	2	□
总评分				

任务八 机器更换制动液

学习目标

1. 能说出机器更换制动液与手动更换制动液的区别。
2. 能说出制动液更换机的结构组成及各部件的作用。
3. 能按照维修手册选择合适型号的制动液。
4. 能按照说明书及操作步骤指导，用机器更换制动液。

任务描述

一辆丰田卡罗拉 1.6 L 轿车进店维护，客户反映车辆已经使用超过 3 年，行驶总里程 50 000 km，维修技师建议更换制动液，本任务的主要内容是用机器更换制动液。

问题 1：制动液更换机调整气压值是多少？该机器是依据什么原理实现换油的？

____

____

问题 2：在换油过程中，四个车轮对应的制动管路换油顺序是怎样安排的？

____

____

相关知识

从任务七可以看出，手动更换制动液的方法操作烦琐，必须由两个维修人员配合操作，反复拧动轮缸排油口螺塞容易造成滑牙，操作不当还容易将空气混入制动管路内。气压式制动液更换机利用气压直接将制动液从制动主缸推入制动轮缸完成更换任务，操作简单、无污染、省工省时，正确操作可以避免空气进入制动系统，免去排气步骤。

任务准备

1. 工具器材

操作前需要准备以下设备、工具及辅助材料等（以单工位为例）。

设备、工具及辅助材料

序号	名称	规格	数量
1	丰田卡罗拉轿车	1.6 L	1
2	举升机	双柱式	1
3	气压式制动液更换机	YB－116	1
4	工具车及配套工具	JTC 三层	1
5	制动液	1 L	2
6	化油器清洗剂	450 mL	1
7	预置式扭力扳手	40～200 N·m	1
8	预置式扭力扳手	5～25 N·m	1
9	指针式扭力扳手	0～300 N·m	1
10	零件车	/	1
11	两用扳手	/	1
12	抽油机	/	1
13	棉纱手套	/	2

2. 小组分工

<table>
<tr><th>职务</th><th>代码</th><th>姓名</th><th>工作内容</th></tr>
<tr><td>组长</td><td>A</td><td></td><td></td></tr>
<tr><td rowspan="4">组员</td><td>B</td><td></td><td rowspan="2"></td></tr>
<tr><td>C</td><td></td></tr>
<tr><td>D</td><td></td><td rowspan="2"></td></tr>
<tr><td>E</td><td></td></tr>
</table>

任务实施

序号	图示	步骤及技术要点
1	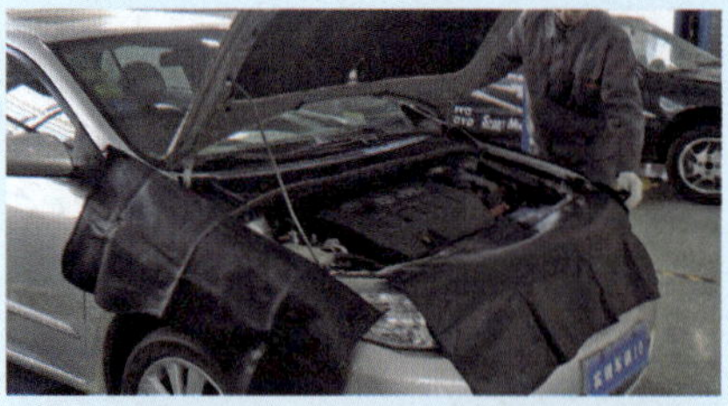	打开发动机引擎盖，铺设翼子板、前格栅布和车内四件套
2		用举升机将车辆升起，使车轮离地约____mm，并锁止
3		拆下四个车轮 工具名称及型号：__________、__________ 套筒型号：________
4	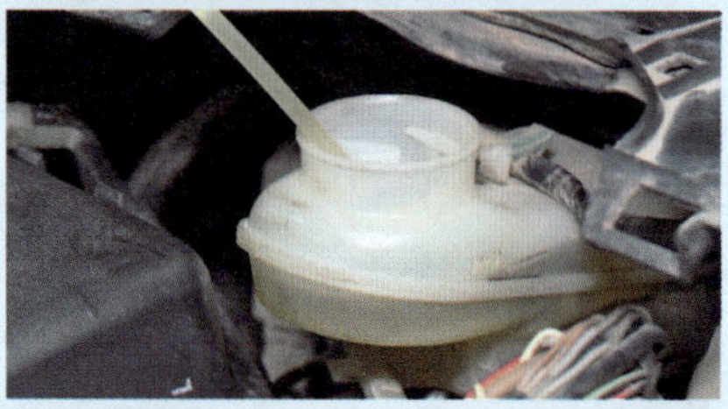	打开制动液储液罐盖，用抽油机抽出储液罐中旧的制动液 检查制动液型号：________
5	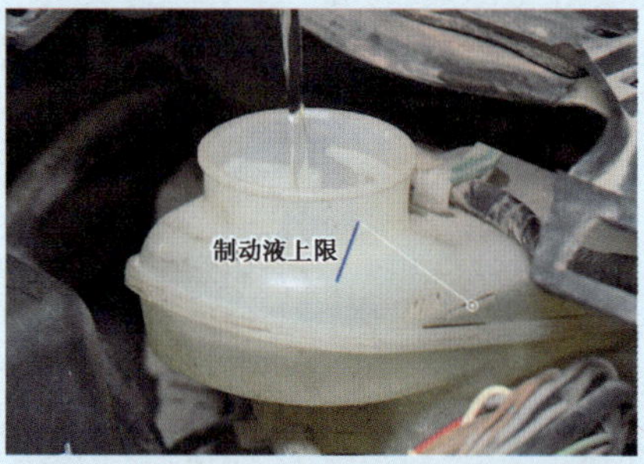	加入新的制动液至储液罐上限位置
6		安装相应的连接盖到制动液储液罐上，拧紧以保证密封良好，然后将补充液软管连接到连接盖上

续表

序号	图示	步骤及技术要点
7		将新的制动液倒入制动液更换机内，制动液加注量：____L
8	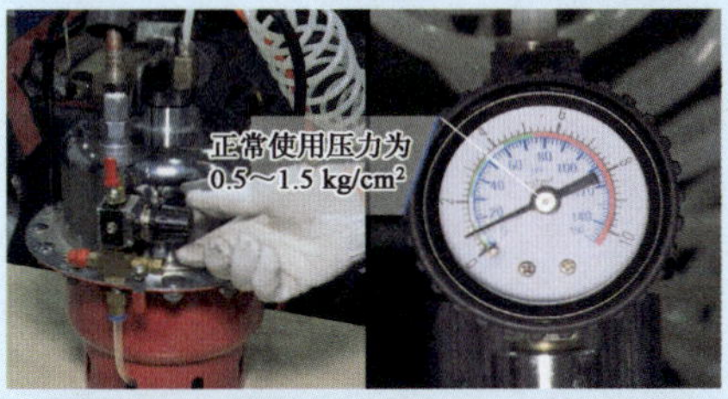	连接压缩空气软管，打开进气开关，调整进气压力，正常使用压力为__________kg/cm^2，若储液罐太薄，应调低进气压力，以免储液罐破裂
9		打开制动液更换机供油开关，检查储液罐是否___________
10	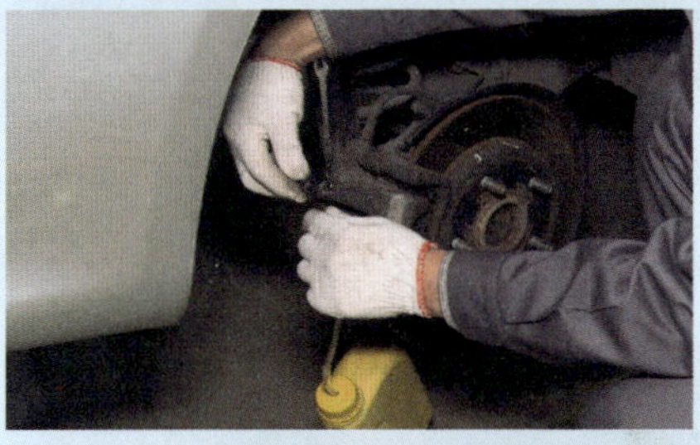	取下制动轮缸放油螺塞上的防尘套，将梅花扳手套在放油螺塞上，将废油回收罐上的软管连接到放油接口上，两用扳手型号为_______
11		松开放油螺塞，放出旧的制动液
12	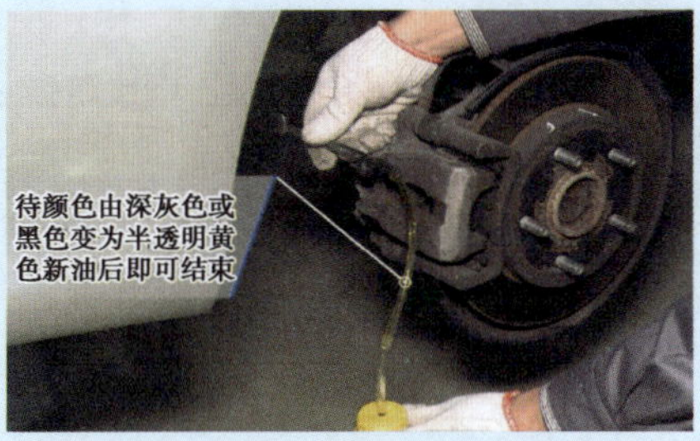	随着废油回收罐内的液面逐渐上升，观察流经管路的制动液颜色，待颜色由深灰色或黑色变为______________新油后即可结束 前放油螺塞紧固力矩为_____N·m，后放油螺塞紧固力矩为____N·m

续表

序号	图示	步骤及技术要点
13		重复上述步骤至其他车轮，能被压出的废液应该刚好为____L。放油的顺序为右后轮、左后轮、右前轮、左前轮 放油顺序____
14		更换结束后，及时将放油螺塞拧紧，清理放油螺塞上残留的油液，并检查放油螺塞是否密封良好，然后装好防尘套 检查放油螺塞密封性时应注意____
15		检查储液罐的液面是否保持在______________________之间，装上储液罐盖
16		用预置式扭力扳手安装车轮，降下车辆并按照“5S”要求恢复场地

任务评价

项目	作业内容	评价要点	配分	评价
准备工作	场地准备	工位应干净、整洁，地面无油污	1	□
		车辆停靠在合适位置	1	□
	车辆防护	铺设翼子板及前格栅布	2	□
		铺设车内四件套	2	□
	人员防护	工作服穿戴整齐	2	□
		操作时应佩戴棉纱手套	2	□
	检查工作	检查制动管路应无开裂、老化现象，且应密封良好	3	□
		检查气压式制动液更换机各阀门开关是否正常	2	□
操作	操作要点	能用抹布清洁储液罐、制动轮缸等主要部件	5	□
		能用抽油机抽取储液罐内的旧油	8	□
		能用制动液更换机专用盖适配储液罐	9	□
		能连接压缩空气软管并调整制动液更换机工作气压	8	□
		能操作放油螺塞排出各车轮制动器的旧油	10	□
		能踩制动踏板施加制动力并检查放油螺塞处应无泄漏	10	□
	技术规范	掌握制动液更换机的结构及操作方法	5	□
		掌握由远及近的原则选择放油顺序	5	□
		能按照标准力矩拧紧放油螺塞	5	□
		能按照提示选择合适型号的制动液	5	□
职业素养	安全及合作	特殊操作应佩戴安全帽、防酸碱手套或绝缘手套、护目镜等防护用品，制动液接触皮肤应及时清洗	5	□
		小组作业时应互相配合、合理分工，不可发生争执	5	□
	“5S”管理	注意安全操作，不可随意放置工具、量具且不应有其他安全隐患	3	□
		地上有油污时应及时擦掉，废弃物应环保处理	2	□
总评分				

任务九 轮胎的检查

学习目标

1. 能说出检查轮胎的工作步骤。
2. 能按照维修手册，按正确的胎压对轮胎充气。
3. 能正确检查汽车轮胎。

任务描述

一辆丰田卡罗拉 1.6 L 轿车进店维护，行驶总里程 20 000 km 左右，经维修技师检查后发现车轮处泥沙较多，且轮胎有异常磨损，建议拆下轮胎后做进一步检查。本任务的主要内容是轮胎的检查。

问题 1：如何确定轮辋的磨损程度？最大磨损是多少？

____

____

问题 2：轮胎正常磨损后花纹深度最小是多少？如何确定轮胎正常胎压？

____

____

相关知识

轮胎按其内部空气压力的大小，可分为高压胎（0.5～0.7 MPa）、低压胎（0.2～0.5 MPa）

和超低压胎（0.2 MPa 以下）三种。低压胎弹性好、减振性能强、壁薄、散热性好、与地面接触面积大、附着性好，因此广泛用于乘用车。

当汽车底盘行驶系、转向系出现松旷或磨损异常等情况时，均有可能造成轮胎异常磨损。例如：轮胎胎压过高会影响汽车行驶的舒适性，严重时有爆胎的风险，会造成胎面中间异常磨损；轮胎胎压过低会影响汽车的操控性，胎肩会异常磨损；车轮外倾角不正确、悬架部件变形或间隙过大，会造成轮胎内侧或外侧磨损；车轮前束值调整过大，会造成轮胎向外滑动，形成胎面指向内侧的羽状磨损，称为前束磨损，反之将形成指向外侧的羽状磨损，称为后束磨损。

任务准备

1. 工具器材

操作前需要准备以下设备、工具及辅助材料等（以单工位为例）。

设备、 工具及辅助材料

序号	名称	规格	数量
1	丰田卡罗拉轿车	1.6 L	1
2	举升机	双柱式	1
3	工具车及配套工具	JTC 三层	1
4	预置式扭力扳手	40～200 N · m	1
5	胎纹深度计	/	1
6	指针式扭力扳手	0～300 N · m	
7	零件车	/	1
8	棉纱手套	/	5
9	轮胎气压表	/	1

2. 小组分工

职务	代码	姓名	工作内容
组长	A		
组员	B		
	C		
	D		
	E		

任务实施

序号	图示	步骤及技术要点
1		打开发动机引擎盖，铺设翼子板、前格栅布和车内四件套
2		用举升机将车辆升起，使车轮离地约____mm，并锁止
3		拆下四个车轮 工具名称及型号：____________、________ 套筒型号：21#
4		目视检查铝合金车轮轮辋处有无污锈，如有应清除干净，同时进行防锈处理
5		目视检查铝合金车轮轮辋处有无________、________、________，如有这些现象，可通过焊接、抛光、烤漆等方法修复
6		检查铝合金车轮螺纹孔边缘处的磨损情况，磨损不应超过 1.5 mm

续表

序号	图示	步骤及技术要点
7	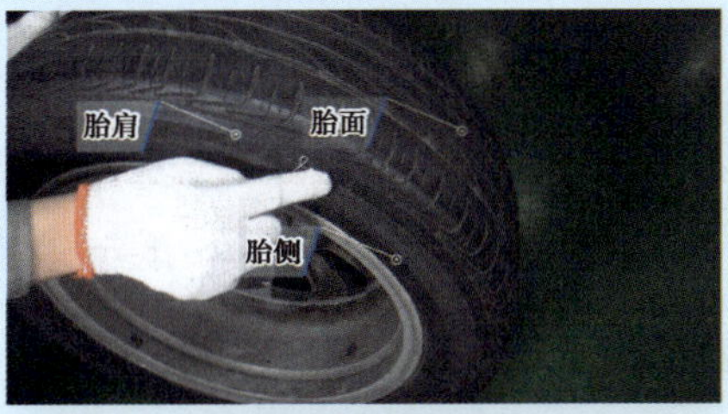  	目视检查轮胎胎面、胎肩、胎侧、胎冠应无________、________、________、________、________、________及__________等，趾口应无磨损
8		用一字旋具清除轮胎胎面上的________
9		检查轮胎气门嘴是否凹瘪，气门嘴帽是否齐全、完好
10	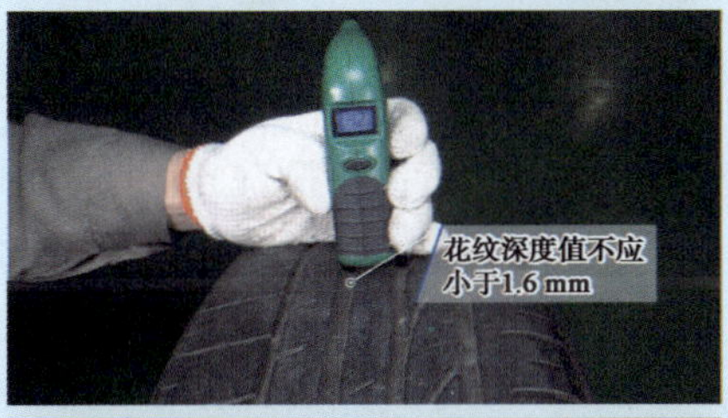 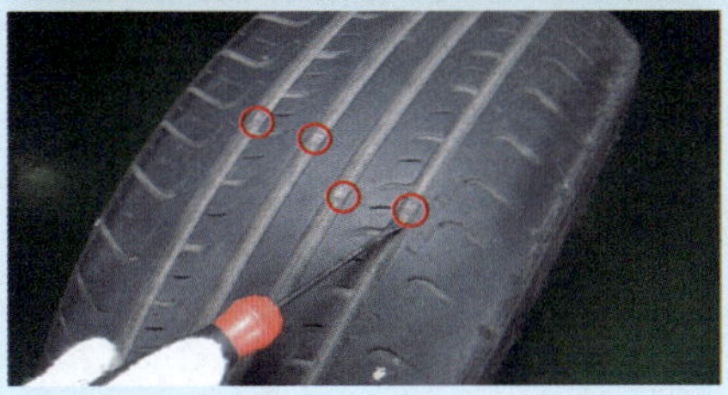	用胎纹深度计检查轮胎磨损情况： 1. 花纹深度值不应小于______mm，并且不得暴露出轮胎帘布层 2. 同轴轮胎的________和________应相同 3. 转向轮不得使用翻新轮胎 4. 轿车轮胎胎面一般都有磨损指示条。当轮胎的磨损指示条露出来，说明轮胎已磨损到极限；若指示条已经磨去，应立即更换轮胎

续表

序号	图示	步骤及技术要点
11		用轮胎气压表检查轮胎气压，若气压不足应按规定充气
12		用预置式扭力扳手安装车轮，降下车辆并按照“5S”要求恢复场地

任务评价

项目	作业内容	评价要点	配分	评价
准备工作	场地准备	工位应干净、整洁，地面无油污	1	□
		车辆停靠在举升机中间位置	1	□
	车辆防护	铺设翼子板及前格栅布	2	□
		铺设车内四件套	2	□
	人员防护	工作服穿戴整齐	2	□
		拆装操作时应佩戴棉纱手套	2	□
	检查工作	检查工具车中工具是否齐全、整洁	3	□
		检查轮胎气压表显示屏是否显示正确，电池电量应充足	2	□
操作	操作要点	能正确使用扭力扳手等主要工具	5	□
		能正确使用举升机	8	□
		能正确拆卸轮胎	7	□
		能检查铝合金车轮有无锈蚀、变形、磨损等情况	10	□
		能检查轮胎胎面、胎肩、胎侧、胎冠位置的磨损情况	10	□
		能正确使用胎纹深度计检查轮胎磨损情况	10	□
	技术规范	掌握拆装轮胎的方法	5	□
		掌握检查铝合金车轮的方法	5	□
		掌握检查轮胎磨损和胎压的方法	5	□
		能按照标准力矩拧紧轮胎螺栓	5	□

续表

项目	作业内容	评价要点	配分	评价
职业素养	安全及合作	特殊操作应佩戴安全帽、防酸碱手套或绝缘手套、护目镜等防护用品，制动液接触皮肤应及时清洗	5	□
		小组作业时应互相配合、合理分工，不可发生争执	5	□
	“5S”管理	注意安全操作，不可随意放置工具、量具且不应有其他安全隐患	3	□
		地上有油污时应及时擦掉，废弃物应环保处理	2	□
总评分				

任务十 轮胎的拆卸

学习目标

1. 能说出使用轮胎拆装机拆卸轮胎的注意事项。
2. 能正确使用轮胎拆装机拆卸轮胎。
3. 能说出用轮胎拆装机拆卸轮胎的操作步骤。

任务描述

一辆丰田卡罗拉 1.6 L 轿车进店维护，客户反映车辆已经使用超过 5 年，行驶总里程 60 000 km，维修技师检查发现轮胎已磨损到极限必须更换，本任务的主要内容是轮胎的拆卸。

问题 1：在轮胎拆卸过程中使用了哪些拆卸工具？

____

____

问题 2：汽车轮胎出现哪些情况时需要对其进行拆卸？拆卸过程中应注意哪些情况以避免造成轮胎二次损坏？

____

____

相关知识

汽车轮胎是汽车的重要部件之一，它与路面直接接触，与汽车悬架共同缓和汽车行驶时所受到的冲击，以保证汽车有良好的乘坐舒适性和行驶平顺性。轮胎的使用年限通常为 5 年左右，超过使用年限，轮胎就开始老化，主要表现为轮胎表面硬化、出现裂纹等，继续使用会导致胎面变形，甚至爆胎。因此，要及时更换轮胎。轮胎拆装机是常用的轮胎维护设备，其结构如下图所示。

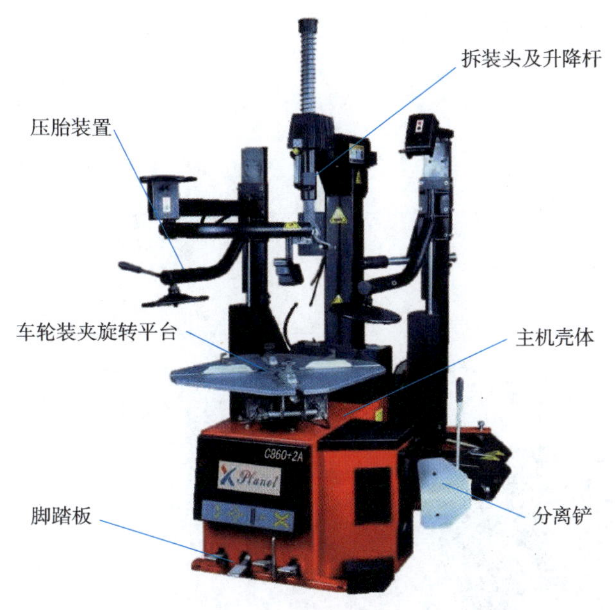

 任务准备

1. 工具器材

操作前需要准备以下设备、工具及辅助材料等（以单工位为例）。

设备、工具及辅助材料

序号	名称	规格	数量
1	轮胎拆装机	通用	1
2	撬棒	扁铁轮胎拆装专用	1
3	轮胎拆装润滑剂	轮胎拆装专用	1
4	毛刷	/	1
5	平衡块拆装钳	/	1
6	轮胎	与车型匹配	2
7	气门芯钥匙	/	1
8	棉纱手套	/	5
9	抹布	/	若干

2. 小组分工

职务	代码	姓名	工作内容
组长	A		
组员	B		
	C		
	D		
	E		

任务实施

序号	图示	步骤及技术要点
1		清除车轮上的杂物
2		用__________拆下轮辋上的平衡块
3	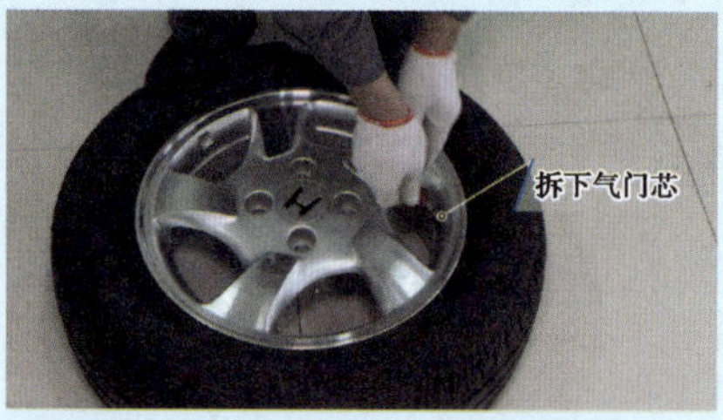	用气门芯钥匙拆下气门芯，将轮胎压力卸除
4	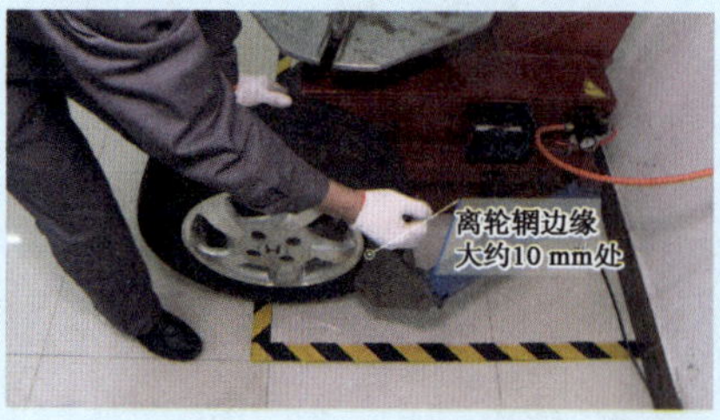	将轮胎垂直放在分离铲和机座橡胶垫之间，使分离铲边缘置于________与________之间，离轮辋边缘大约___mm 处

续表

序号	图示	步骤及技术要点
5	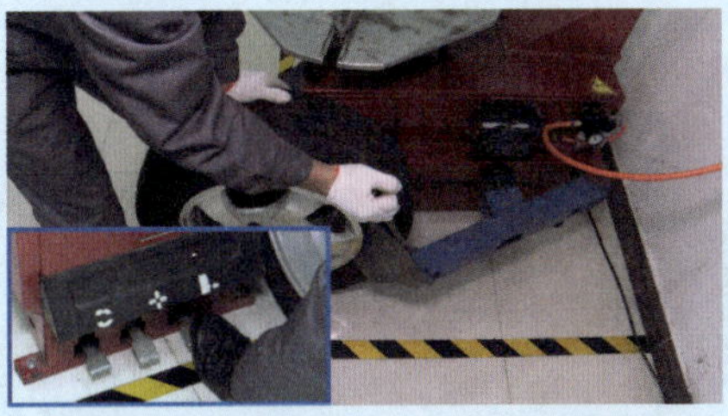	踩下分离铲操作脚踏板，使胎圈与轮辋分离 注意：轮胎要________放置，防止分离铲损坏轮辋
6	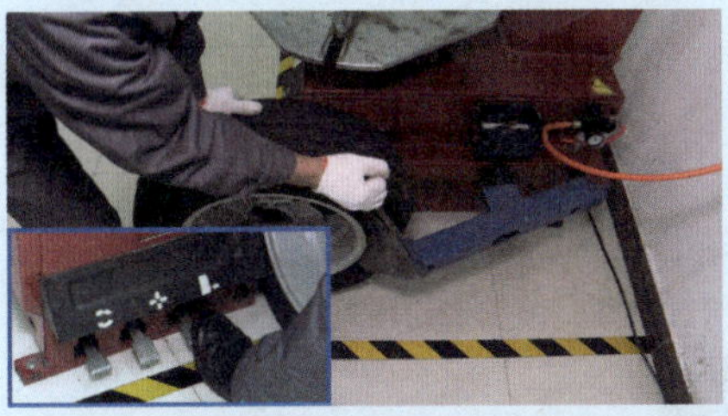	用同样的方法，使另一侧胎圈与轮辋彻底分离
7		将车轮放置在轮胎拆装机车轮装夹旋转平台上
8		踩下卡爪操作脚踏板，把胎圈与轮辋已分离的车轮固定在车轮装夹旋转平台上 注意：轮胎________朝上
9	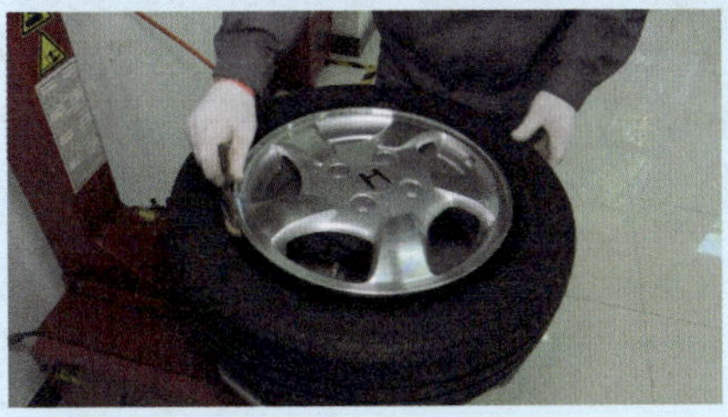	用毛刷蘸取轮胎拆装润滑剂，在轮辋边缘涂少许润滑剂
10		按下升降杆，调整好拆装头与轮辋之间的位置

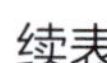
续表

序号	图示	步骤及技术要点
11		使拆装头插到胎圈与轮辋之间，并使之与轮辋相距大约____mm
12	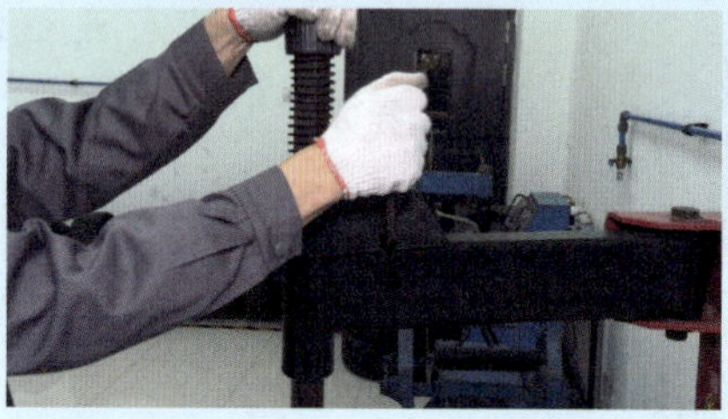	锁紧__________
13		以拆装头的一端为支点，用撬棒将轮胎边缘撬到拆装头上，不抽出撬棒
14	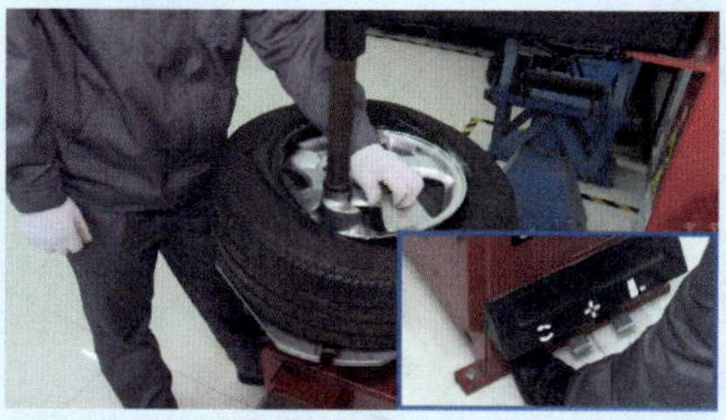	踩下____________脚踏板，使平台和轮胎一起顺时针旋转，使轮胎上边缘脱离轮辋
15		用同样的方法将另一侧的轮胎拆下，取下轮辋，并按照“5S”要求恢复场地

任务评价

项目	作业内容	评价要点	配分	评价
准备工作	场地准备	工位应干净、整洁，地面无油污	2	□
	设备防护	摆放隔离栏	2	□
		摆放施工作业指示牌	2	□
	人员防护	工作服穿戴整齐	2	□
		操作时应佩戴棉纱手套	2	□
	检查工作	检查轮胎拆装机脚踏板是否工作良好	3	□
		检查轮胎拆装机车轮装夹旋转平台、分离铲、拆装头等是否工作良好	2	□
操作	操作要点	能用平衡块拆装钳拆下平衡块	5	□
		能用气门芯钥匙拆下轮胎气门芯	6	□
		能正确使用分离铲将胎圈从轮辋上脱开	8	□
		能在轮辋边缘涂抹润滑剂	5	□
		能正确放置车轮到拆装机车轮装夹旋转平台上并操作脚踏板固定车轮	8	□
		能正确放置拆装头到胎圈和轮辋之间	6	□
		能使用撬棍将轮胎边缘撬到拆装头上	6	□
		能正确操作脚踏板使车轮装夹旋转平台旋转拆卸轮胎	6	□
	技术规范	掌握脚踏板的作用及操作方法	5	□
		掌握分离铲脱开胎圈与轮辋的注意事项	5	□
		掌握用车轮装夹旋转平台分别内、外卡住车轮的方法	5	□
		掌握拆装头、压胎装置的使用方法及注意事项	5	□
职业素养	安全及合作	特殊操作应佩戴安全帽、防酸碱手套或绝缘手套、护目镜等防护用品，正确选用工具、量具并按要求使用	5	□
		应按正确、安全的程序操作，避免车辆、设备等损坏及人员受伤	5	□
	“5S”管理	注意安全操作，不可随意放置工具、量具且不应有其他安全隐患	3	□
		地上有油污时应及时擦掉，废弃物应环保处理	2	□
总评分				

任务十一 轮胎的安装

学习目标

1. 能识别轮胎型号并对轮胎进行选配。
2. 能说出轮胎拆装机安装轮胎时的注意事项。
3. 能正确使用轮胎拆装机安装轮胎。
4. 能说出用轮胎拆装机安装轮胎的操作步骤。

任务描述

上一任务已经完成轮胎的拆卸，本任务是选择与车型匹配的轮胎进行安装。

问题1：在轮胎安装过程中，哪些步骤容易造成轮胎卡住不能安装？

____

____

问题2：轮胎安装中应先充气至略高于标准胎压后再安装气门芯，还是先安装气门芯再充气？

____

____

任务准备

1. 工具器材

操作前需要准备以下设备、工具及辅助材料等（以单工位为例）。

设备、工具及辅助材料

序号	名称	规格	数量
1	轮胎拆装机	通用	1
2	撬棒	扁铁轮胎拆装专用	1
3	轮胎拆装润滑剂	轮胎拆装专用	1
4	毛刷	/	1
5	平衡块拆装钳	/	1
6	轮胎	与车型匹配	2
7	气门芯钥匙	/	1
8	棉纱手套	/	5
9	轮胎气压表	/	1

2. 小组分工

职务	代码	姓名	工作内容
组长	A		
组员	B		
	C		
	D		
	E		

任务实施

序号	图示	步骤及技术要点
1		检查轮辋是否有__________、__________等现象，并清洁轮辋上 注意：如果轮辋表面漆面腐蚀严重应进行车轮修复，若变形严重应更换新的车轮。否则会因清洁不到位、腐蚀或严重变形等问题，导致轮辋与轮胎密封不严而漏气
2		将轮辋放在车轮装夹旋转平台上

续表

序号	图示	步骤及技术要点
3		踩下卡爪操作脚踏板，用卡爪将轮辋卡紧
4		用毛刷蘸取轮胎拆装润滑剂，在胎圈上涂抹少许润滑剂
5		将胎圈放在轮辋上 注意：安装轮胎的________，轮胎尺寸和轮辋尺寸要______
6		按下升降杆，调整________与轮辋的位置
7		将胎圈放置在拆装头上，并用手按住胎圈
8		踩下平台旋转脚踏板，转动胎圈，使胎圈下缘安装在轮辋上

续表

序号	图示	步骤及技术要点
9		重复以上步骤，装好另一侧胎圈 注意：安装胎圈上缘时，要边转边压，操作人员一旦感到胎圈有撕裂的迹象或平台停止转动，应立即松开平台旋转脚踏板，然后用脚面上抬平台旋转脚踏板，让平台逆时针转动，使胎圈恢复原状以便再次进行
10		收起升降杆，放回原位
11	 装上气门芯	用气门芯钥匙装上气门芯
12		用轮胎气压表将轮胎充气至________
13		踩下卡爪操作脚踏板
14		从轮胎拆装机上拆下轮胎，按照“5S”要求恢复场地 注意：应进行动平衡检查

任务评价

项目	作业内容	评价要点	配分	评价
准备工作	场地准备	工位应干净、整洁，地面无油污	2	□
	设备防护	摆放隔离栏	2	□
		摆放施工作业指示牌	2	□
	人员防护	工作服穿戴整齐	2	□
		操作时应佩戴棉纱手套	2	□
	检查工作	检查轮胎拆装机脚踏板是否工作良好	3	□
		检查轮胎拆装机车轮装夹旋转平台、分离铲、拆装头等是否工作良好	2	□
操作	操作要点	能清洁轮辋并检查其是否变形，能将其固定在车轮装夹旋转平台上	9	□
		能在轮胎胎圈上涂抹润滑剂，并将胎圈放置在轮辋上	8	□
		能正确操作拆装头并调整其与轮辋的位置	5	□
		能按压胎圈并操作脚踏板使平台旋转安装第一层胎圈	10	□
		能按压胎圈并操作脚踏板使平台旋转安装第二层胎圈	10	□
		能安装气门芯并按照规定对轮胎充气至规定气压	8	□
	技术规范	掌握脚踏板的作用及操作方法	5	□
		能正确操作拆装头并安装轮胎	5	□
		能知道第二层胎圈安装时卡住的解决方案	5	□
		能掌握轮胎标准气压的查阅与充气方法	5	□
职业素养	安全及合作	特殊操作应佩戴安全帽、防酸碱手套或绝缘手套、护目镜等防护用品，正确选用工具、量具并按照规范使用	5	□
		应按正确、安全的程序操作，避免车辆、设备等损坏及人员受伤	5	□
	“5S”管理	注意安全操作，不可随意放置工具、量具且不应有其他安全隐患	3	□
		地上有油污时应及时擦掉，废弃物应环保处理	2	□
总评分				

任务十二

蓄电池的拆卸

学习目标

1. 能说出哪些情况下需要更换蓄电池。
2. 能说出更换蓄电池的操作步骤和注意事项。
3. 能按操作规范完成蓄电池的拆卸。

任务描述

一辆上海大众 POLO 1.6 L 轿车进店维护，客户反映车辆已经使用超过 3 年，行驶总里程 50 000 km，经过维修技师检查发现蓄电池内阻已超过规定值，需要更换，本任务的主要内容是蓄电池的拆卸。

问题 1：更换蓄电池时，为什么需要记录收音机及相关电子系统的数据？

____

____

问题 2：在拆卸蓄电池时，为什么先拆蓄电池负极后拆蓄电池正极？

____

____

相关知识

蓄电池是汽车两个主要电源之一，它可分为传统的铅酸蓄电池和免维护型蓄电池，后者是目前市场上广泛使用的蓄电池。蓄电池是一种将化学能转变成电能的装置，属于直流电源，其作用有：

1. 启动发动机时，给起动机提供强大的起动电流（100 A 左右）。
2. 当发电机过载时，可以协助发电机向用电设备供电。
3. 蓄电池也是一个大容量的电容器，可以保护汽车的用电器。
4. 当发电机端电压高于蓄电池的电动势时，将一部分电能转变为化学能储存起来，也就是进行充电。

蓄电池的设计寿命是 27 个月。影响蓄电池寿命的因素有车况、路况和驾驶员的习惯等，可通过蓄电池检测仪检测蓄电池的内阻和冷起动电流来判断蓄电池的寿命。当传统汽车蓄电池内阻大于 8 mΩ 或冷起动电流小于设计值的 80% 时，建议更换新的蓄电池以防车辆因蓄电池故障而不能启动。

任务准备

1. 工具器材

操作前需要准备以下设备、工具及辅助材料等（以单工位为例）。

设备、工具及辅助材料

序号	名称	规格	数量
1	上海大众 POLO 轿车	1.6 L	1
2	工具车及配套工具	JTC 三层	1
3	零件车	/	1
4	棉纱手套	/	2

2. 小组分工

职务	代码	姓名	工作内容
组长	A		
组员	B		
	C		
	D		
	E		

任务实施

序号	图示	步骤及技术要点
1		记录________、________、________等装置的存储内容及故障代码等数据 注意：蓄电池电缆断开后这些数据都将被清除
2		关闭点火开关 注意：点火开关开启时断开蓄电池电缆是很危险的，因为电流会在蓄电池的电缆和接线端子之间产生________
3		用 10 mm 套筒和小棘轮扳手松开紧固在蓄电池________接线端子上的螺母，并将蓄电池________电缆拆下
4		然后用同样的方法拆下蓄电池正极电缆 注意：拆卸蓄电池电缆时，应先拆________，再拆________；安装蓄电池电缆时，应先连接________，再连接________
5		拆下蓄电池保护罩
6		拆下蓄电池支架固定螺栓并将其整齐地放置于零件车上

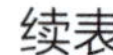

续表

序号	图示	步骤及技术要点
7		搬出蓄电池

任务评价

项目	作业内容	评价要点	配分	评价
准备工作	场地准备	工位应干净、整洁，地面无油污	2	□
	设备防护	摆放隔离栏	2	□
		摆放施工作业指示牌	2	□
	人员防护	工作服穿戴整齐	2	□
		操作时应佩戴棉纱手套	2	□
	检查工作	检查工具车内工具是否齐全和整齐	3	□
		检查蓄电池正负极电缆是否有腐蚀	2	□
操作	操作要点	能记录时钟、收音机等装置的存储内容及故障代码等数据	5	□
		能检查并关闭点火开关	8	□
		能先拆卸蓄电池负极电缆	9	□
		能用同样的方法再拆卸蓄电池正极电缆	8	□
		能拆卸蓄电池支架固定螺栓	10	□
		能拆下蓄电池保护罩并搬出蓄电池	10	□
	技术规范	能掌握记录时钟、收音机存储内容的方法	5	□
		能掌握判断蓄电池使用寿命的方法	5	□
		能掌握拆卸时先断开蓄电池负极电缆的目的	5	□
		能掌握安装时先装蓄电池正极电缆后安装负极电缆的目的	5	□
职业素养	安全及合作	特殊操作应佩戴安全帽、防酸碱手套或绝缘手套、护目镜等防护用品	5	□
		小组作业时应互相配合、合理分工，不可发生争执	5	□
	“5S”管理	注意安全操作，不可随意放置工具、量具且不应有其他安全隐患	3	□
		地上有油污时应及时擦掉，废弃物应环保处理	2	□
总评分				

任务十三 发电机总成的拆卸

学习目标

1. 能指出发电机总成的安装位置。
2. 能掌握常见的发电机总成固定方式。
3. 能说出拆卸发电机总成的操作步骤及注意事项。
4. 能独立完成发电机总成的拆卸。

任务描述

一辆丰田卡罗拉 1.6 L 轿车进店维修，客户反馈车辆在夜间行驶时大灯时亮时暗，且仪表上亮起了红色充电指示灯，但蓄电池是新换的，经维修技师检查是发电机有故障，需要更换，本任务的主要内容是发电机总成的拆卸。

问题 1：工作的第一步拆卸蓄电池负极的主要目的是什么？

____

____

问题 2：车辆发电机总成是怎么固定的？拆卸时需要注意哪些问题？

____

____

相关知识

汽车发电机是汽车的主要电源之一，其功用是在发动机正常运转时，向所有用电设备（起动机除外）供电，同时向蓄电池充电。当汽车发电机发生故障时，仪表上的充电指示灯一般会点亮，充电电流不稳定，忽大忽小，甚至不充电。此时如果蓄电池有电，发动机仍然能够启动，但是无法长时间运转，车辆无法长时间行驶。传统能源汽车的发电机一般是三相交流发电机，通过整流输出 14 V 左右电压，一般在发动机前面与曲轴皮带轮平行安装，由曲轴皮带轮通过发电机皮带驱动运转。

任务准备

1. 工具器材

操作前需要准备以下设备、工具及辅助材料等（以单工位为例）。

设备、工具及辅助材料

序号	名称	规格	数量
1	丰田卡罗拉轿车	1.6 L	1
2	工具车及配套工具	JTC 三层	1
3	零件车	/	1
4	棉纱手套	/	2

2. 小组分工

职务	代码	姓名	工作内容
组长	A		
组员	B		
	C		
	D		
	E		

任务实施

序号	图示	步骤及技术要点
1		打开发动机引擎盖，铺设翼子板、前格栅布和车内四件套

续表

序号	图示	步骤及技术要点
2		用 10 mm 套筒及小棘轮扳手拆下蓄电池负极电缆，目的是______________________________
3		拆下 2 号气缸盖罩 注意：拆下的零部件应整齐摆放在零件车内
4		拆下________接线柱的端子盖
5		拆下螺母，将充电电缆从端子 B + 上断开
6	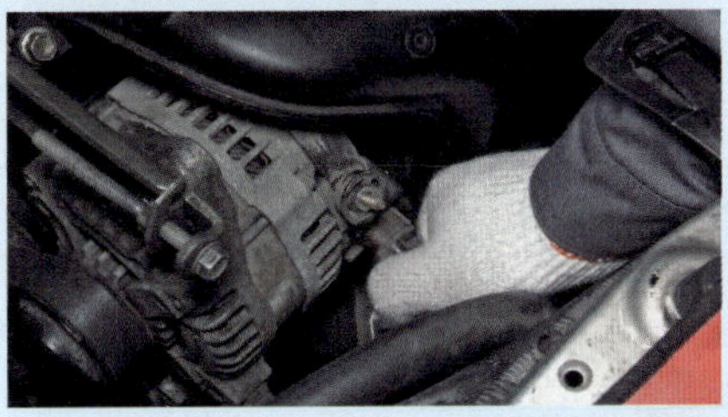	断开连接器和线束卡夹
7	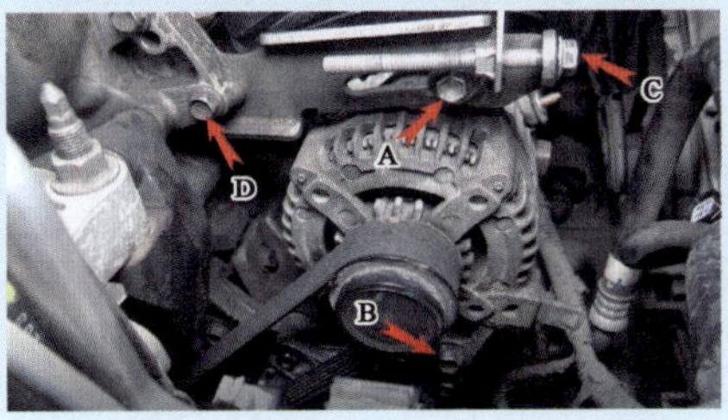	松开螺栓____和螺栓____ 注意：螺栓_______、________松开后才可以调整螺栓 C

续表

序号	图示	步骤及技术要点
8		松开螺栓 C，然后取下________，注意拆卸的先后顺序
9		拆下螺栓____和螺栓____，取下发电机上支架
10		拆下螺栓____，取下发电机总成，将发电机、螺栓等零部件整齐地摆放在工作台上

任务评价

项目	作业内容	评价要点	配分	评价
准备工作	场地准备	工位应干净、整洁，地面无油污	2	□
	车辆防护	铺设翼子板及前格栅布	2	□
		铺设车内四件套	2	□
	人员防护	工作服穿戴整齐	2	□
		操作时应佩戴棉纱手套	2	□
	检查工作	检查工具车内工具是否齐全和整齐	5	□

续表

项目	作业内容	评价要点	配分	评价
操作	操作要点	能用工具正确拆卸蓄电池负极电缆	5	□
		能用工具正确拆卸发电机端子盖及 B＋端子上的电缆	9	□
		能正确拆卸发电机连接器及线束卡夹	8	□
		能用工具正确拆下发电机螺栓	8	□
		能调整螺栓松开发电机皮带并取下	10	□
		能正确拆下发电机固定螺栓并取出发电机	10	□
	技术规范	能掌握拆下蓄电池负极电缆的目的	5	□
		能掌握松开发电机皮带的方法	5	□
		能指出汽车发电机的安装位置	5	□
		能按照维修手册要求正确拆下发电机	5	□
职业素养	安全及合作	特殊操作应佩戴安全帽、防酸碱手套或绝缘手套、护目镜等防护用品	5	□
		小组作业时应互相配合、合理分工，不可发生争执	5	□
	“5S”管理	注意安全操作，不可随意放置工具、量具且不应有其他安全隐患	3	□
		地上有油污时应及时擦掉，废弃物应环保处理	2	□
总评分				

任务十四 发电机总成的安装

学习目标

1. 能指出发电机总成的安装位置。
2. 能说出操作车型发电机总成的固定方式及皮带张紧方式。
3. 能说出安装发电机总成的正确操作步骤。
4. 能独立操作完成发电机总成的安装。

任务描述

上一任务已完成发电机总成的拆卸，经检查发现碳刷磨损、轴承失油、转子线圈漆包线老化翘皮已无维修价值，需更换新的发电机总成，本任务的主要内容是发电机总成的安装。

问题1：工作中最后一步安装蓄电池负极的主要目的是什么？

____

____

问题2：车辆发电机总成固定好后，发电机皮带张紧需要注意哪些问题？

____

____

任务准备

1. 工具器材

操作前需要准备以下设备、工具及辅助材料等（以单工位为例）。

设备、工具及辅助材料

序号	名称	规格	数量
1	丰田卡罗拉轿车	1.6 L	1
2	工具车及配套工具	JTC 三层	1
3	零件车	/	1
4	棉纱手套	/	2
5	预置式扭力扳手	10～50 N·m	1
6	发电机总成	丰田卡罗拉专用	1

2. 小组分工

职务	代码	姓名	工作内容
组长	A		
组员	B		
	C		
	D		
	E		

任务实施

序号	图示	步骤及技术要点
1		打开发动机引擎盖，铺设翼子板、前格栅布和车内四件套
2	螺栓D 1号发电机支架	将发电机总成固定在1号发电机支架上，拧上螺栓____。安装发电机前务必确保蓄电池负极端子已拆下并做绝缘处理，防止________________

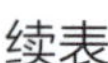
续表

序号	图示	步骤及技术要点
3		安装发电机上支架，拧上螺栓____，紧固螺栓____，注意安装的先后顺序
4		装上__________，检查并确认皮带正确安装在楔形槽中 注意：多楔带绕法与拆卸时一致
5		转动螺栓 C，调节多楔带的__________，注意：多楔带张紧力应符合维修手册要求
6		紧固螺栓 A 和螺栓 B，螺栓 A 的力矩为____N·m，螺栓 B 的力矩为____N·m
7		将黑色的充电电缆接在发电机电枢 B+接线柱上，并用螺母固定，力矩为____N·m，插上发电机连接器
8		安装 B+接线柱的端子盖

续表

序号	图示	步骤及技术要点
9		装上蓄电池负极电缆，按照“5S”标准恢复场地

任务评价

项目	作业内容	评价要点	配分	评价
准备工作	场地准备	工位应干净、整洁，地面无油污	2	□
	车辆防护	铺设翼子板及前格栅布	2	□
		铺设车内四件套	2	□
	人员防护	工作服穿戴整齐	2	□
		操作时应佩戴棉纱手套	2	□
	检查工作	检查工具车内工具是否齐全和整齐	5	□
操作	操作要点	能正确安装发电机到支架上并用螺栓固定	5	□
		能按照拆卸时的正确绕法安装多楔带	9	□
		能用工具通过螺栓调节多楔带的松紧	8	□
		能用工具正确安装充电电缆及发电机连接器	8	□
		能用扭力扳手按照要求正确拧紧螺栓	10	□
		能正确安装蓄电池负极电缆	10	□
	技术规范	掌握最后安装蓄电池负极电缆的目的	5	□
		掌握发电机皮带的绕法	5	□
		能查阅维修手册调整发电机皮带的张紧度	5	□
		能查阅维修手册确定螺栓的安装力矩	5	□
职业素养	安全及合作	特殊操作应佩戴安全帽、防酸碱手套或绝缘手套、护目镜等防护用品	5	□
		小组作业时应互相配合、合理分工，不可发生争执	5	□
	“5S”管理	注意安全操作，不可随意放置工具、量具且不应有其他安全隐患	3	□
		地上有油污时应及时擦掉，废弃物应环保处理	2	□
总评分				

任务十五 点火线圈和火花塞的拆卸

学习目标

1. 能指出发动机点火线圈的安装位置。
2. 能指出发动机火花塞的安装位置。
3. 能说出拆卸点火线圈和火花塞的操作步骤。
4. 能独立完成点火线圈和火花塞的拆卸。

任务描述

一辆丰田卡罗拉1.6 L轿车进店维修，客户反馈车辆在行驶时动力不足，且怠速不稳定。经检查发现是点火系统故障，要更换火花塞，本任务的主要内容是点火线圈和火花塞的拆卸。

问题1：视频中的车型共有几个点火线圈？属于哪一种点火方式？

____

____

问题2：拆卸前围上盖板通风器隔栅分总成的目的是什么？

____

____

相关知识

现代汽油发动机上普遍采用微处理机控制的点火系统，也称数字式电控点火系统。这种点火系统由微电脑（计算机）、各种传感器和点火执行器三部分组成。电控点火系统按照结构分为分电器式与无分电器式两种类型，在现代汽车上通常采用无分电器式。无分电器式电控点火系统又可以分为双缸点火和单独点火两种，而单独点火是现代车型上普遍采用的方式。

点火线圈由主线圈、二次侧线圈、磁芯、三极管及其他辅助元件组成。主线圈由蓄电池充电，二次侧线圈放电，火花塞点火，三极管负责开关。点火线圈控制线通常分为三线和四线，三线为电源正、负、开关控制，四线多了一条点火检测线，能够检测火花塞是否点火，以及二次侧线圈中是否有放电电流。单独点火的点火线圈直接与火花塞接触，通常安装在气缸盖或气门室盖上。

火花塞是汽油机点火系统的重要元件，它可将高压电引入燃烧室，并使其跳过电极间隙产生火花，从而点燃气缸中的可燃混合气。它主要由接线螺母、绝缘体、接线螺杆、中心电极、侧电极及外壳组成，侧电极焊接在外壳上。火花塞更换属于汽车维护保养的重要项目之一，在拆卸和安装中要严格按照维修手册要求操作，避免拧紧力矩过大造成螺纹滑牙，特别是安装火花塞的气缸盖螺纹时如果滑牙，需要更换气缸盖。

任务准备

1. 工具器材

操作前需要准备以下设备、工具及辅助材料等（以单工位为例）。

设备、工具及辅助材料

序号	名称	规格	数量
1	丰田卡罗拉轿车	1.6 L	1
2	工具车及配套工具	JTC 三层	1
3	零件车	/	1
4	棉纱手套	/	2

2. 小组分工

职务	代码	姓名	工作内容
组长	A		
组员	B		
	C		
	D		
	E		

任务实施

序号	图示	步骤及技术要点
1		打开发动机引擎盖，铺设翼子板、前格栅布和车内四件套
2		关闭点火开关
3		拆下 2 号气缸盖罩
4		拆下上盖板密封件
5		拆下前围上盖板通风器隔栅分总成 目的：____
6		断开进气凸轮轴正时润滑油控制阀总成连接器及 4 个______________

续表

序号	图示	步骤及技术要点
7		拆下 4 个__________，取出 4 个点火线圈 注意：拆下的零部件均应整齐摆放在零件车内
8		用火花塞套筒拆下 4 个火花塞，按顺序摆放整齐，并用干净的布盖住火花塞________，防止异物掉入气缸 火花塞套筒：____mm

任务评价

项目	作业内容	评价要点	配分	评价
准备工作	场地准备	工位应干净、整洁，地面无油污	1	□
		车辆停靠在合适位置	1	□
	车辆防护	铺设翼子板及前格栅布	2	□
		铺设车内四件套	2	□
	人员防护	工作服穿戴整齐	2	□
		操作时应佩戴棉纱手套	2	□
	检查工作	检查工具车内工具是否齐全和整齐	5	□
操作	操作要点	能正确拆卸上盖板密封件及通风器隔栅分总成	5	□
		能正确拆卸点火线圈连接器	9	□
		能正确拆卸进气凸轮轴正时润滑油控制阀总成连接器	8	□
		能用工具正确拆卸点火线圈	8	□
		能用火花塞套筒正确拆卸火花塞	10	□
		能用干净的布盖住火花塞安装孔	10	□
	技术规范	能指出点火线圈及火花塞的安装位置	5	□
		能指出实训车型点火系统的类型	5	□
		能说出火花塞及点火线圈的作用	5	□
		能按照维修手册要求正确拆下点火线圈及火花塞	5	□

续表

项目	作业内容	评价要点	配分	评价
职业素养	安全及合作	特殊操作应佩戴安全帽、防酸碱手套或绝缘手套、护目镜等防护用品	5	□
		小组作业时应互相配合、合理分工，不可发生争执	5	□
	“5S”管理	注意安全操作，不可随意放置工具、量具且不应有其他安全隐患	5	□
总评分				

任务十六 点火线圈和火花塞的安装

学习目标

1. 能指出发动机点火线圈和火花塞的安装位置。
2. 能说出火花塞安装时的注意事项。
3. 能说出安装点火线圈和火花塞的操作步骤。
4. 能独立完成点火线圈和火花塞的安装。

任务描述

检查已拆下的点火线圈和火花塞，发现火花塞烧蚀严重，需更换新的点火线圈和火花塞，本任务的主要内容是安装新的点火线圈和火花塞。

问题：火花塞的安装扭矩是多少？要特别注意什么？

____

____

任务准备

1. 工具器材

操作前需要准备以下设备、工具及辅助材料等（以单工位为例）。

设备、工具及辅助材料

序号	名称	规格	数量
1	丰田卡罗拉轿车	1.6 L	1
2	工具车及配套工具	JTC 三层	1
3	零件车	/	1
4	预置式扭力扳手	5 ~ 25 N · m	1
5	棉纱手套	/	2

2. 小组分工

职务	代码	姓名	工作内容
组长	A		
组员	B		
	C		
	D		
	E		

任务实施

序号	图示	步骤及技术要点
1		打开发动机引擎盖，铺设翼子板、前格栅布和车内四件套
2		用火花塞套筒和加长杆安装 4 个火花塞，并以____N · m 的扭矩拧紧 火花塞套筒：____mm 加长杆：100 mm 注意：火花塞拧紧扭矩过大会造成气缸盖螺纹滑牙，属于比较严重的维修事故

续表

序号	图示	步骤及技术要点
3		安装点火线圈总成，并以____N·m的扭矩拧紧固定螺栓
4		连接进气凸轮轴________________________连接器和4个____________连接器
5		安装前围上盖板通风器隔栅分总成
6		安装上盖板密封件
7		安装2号气缸盖罩，启动车辆，检查点火线圈和火花塞安装是否到位

任务评价

项目	作业内容	评价要点	配分	评价
准备工作	场地准备	工位应干净、整洁，地面无油污	1	□
		车辆停靠在合适位置	1	□
	车辆防护	铺设翼子板及前格栅布	2	□
		铺设车内四件套	2	□
	人员防护	工作服穿戴整齐	2	□
		操作时应佩戴棉纱手套	2	□
	检查工作	检查工具车内工具是否齐全和整齐	5	□

续表

项目	作业内容	评价要点	配分	评价
操作	操作要点	能用工具正确安装火花塞并按照标准扭矩拧紧	15	□
		能正确安装点火线圈连接器	15	□
		能正确安装进气凸轮轴正时润滑油控制阀总成连接器	10	□
		能用工具正确安装前围上盖板通风器隔栅分总成及上盖板密封件	10	□
	技术规范	能指出点火线圈及火花塞的安装位置	5	□
		能说出实训车型点火系统的类型	5	□
		能说出火花塞及点火线圈的作用	5	□
		能按照维修手册要求正确安装点火线圈及火花塞	5	□
职业素养	安全及合作	特殊操作应佩戴安全帽、防酸碱手套或绝缘手套、护目镜等防护用品	5	□
		小组作业时应互相配合、合理分工，不可发生争执	5	□
	“5S”管理	注意安全操作，不可随意放置工具、量具且不应有其他安全隐患	5	□
总评分				

任务十七 空调制冷剂的鉴别

学习目标

1. 能说出鉴别空调制冷剂的目的。
2. 能正确使用制冷剂鉴别仪检测车辆及钢瓶中的制冷剂。
3. 能说出制冷剂鉴别仪的操作步骤及使用注意事项。

任务描述

一辆丰田卡罗拉 1.6 L 轿车进店维护，该车辆空调制冷效果差，经检查是空调系统制冷剂不足引起。维修技师决定回收空调系统中的制冷剂并维修，在回收前需要对空调制冷剂进行鉴别，本任务的主要内容是鉴别空调制冷剂。

问题 1：为什么需要对汽车空调制冷剂进行鉴别？在哪些情况下需要对其进行鉴别？

____

____

问题 2：汽车空调系统中的制冷剂纯度达到多少时才能进行回收？

____

____

相关知识

传统能源汽车常用的制冷剂有 R12 及 R134a，新能源汽车常用的制冷剂有 R404A。R12 适用于非环保汽车空调，因为 R12 对大气臭氧层有严重破坏作用，并产生温室效应，现已禁用。市场上常买到以次充好的制冷剂，这些制冷剂或是纯度不达标，或是以 R12 冒充 R134a，这些制冷剂不仅影响制冷效果，更会造成空调系统损坏，因此常用空调制冷剂鉴别仪检查空调系统或钢瓶中制冷剂的类别或纯度。

任务准备

1. 工具器材

操作前需要准备以下设备、工具及辅助材料等（以单工位为例）。

设备、工具及辅助材料

序号	名称	规格	数量
1	丰田卡罗拉轿车	1.6 L	1
2	制冷剂鉴别仪	/	1
3	工具车及配套工具	JTC 三层	1
4	零件车	/	1
5	棉纱手套	/	2

2. 小组分工

职务	代码	姓名	工作内容
组长	A		
组员	B		
	C		
	D		
	E		

任务实施

序号	图示	步骤及技术要点
1		打开发动机引擎盖，铺设翼子板、前格栅布和车内四件套

续表

序号	图示	步骤及技术要点
2	 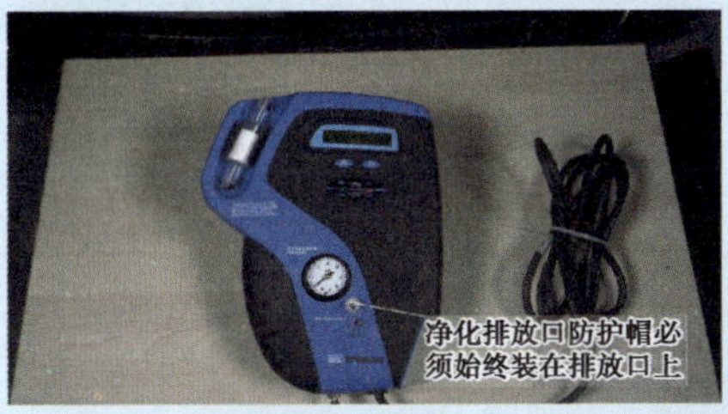	检查仪器样品入口、样品出口、净化排放口和仪器进气口，确保没有脏污和堵塞 注意：为避免＿＿＿＿＿＿＿＿＿＿，进行制冷剂鉴别时，净化排放口防护帽必须始终装在排放口上
3	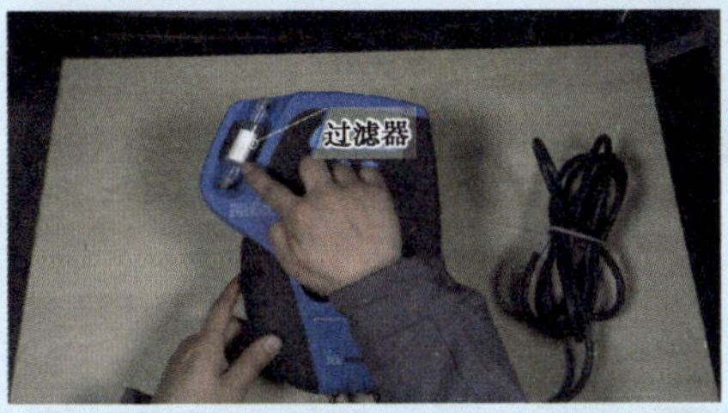	检查仪器过滤器＿＿＿＿＿＿是否有红点，若有红点，说明已经污染，必须更换
4	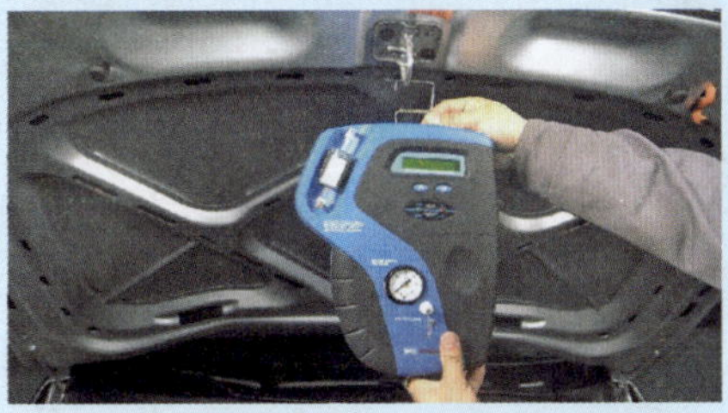	将制冷剂鉴别仪挂在发动机舱盖上
5	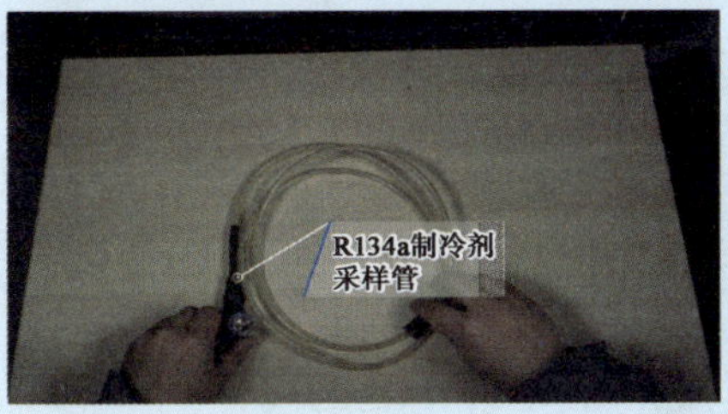	选择 R134a 制冷剂采样管。检查采样管是否有裂纹、磨损痕迹、脏堵或污染，将其连接到制冷剂鉴别仪＿＿＿＿＿＿上
6	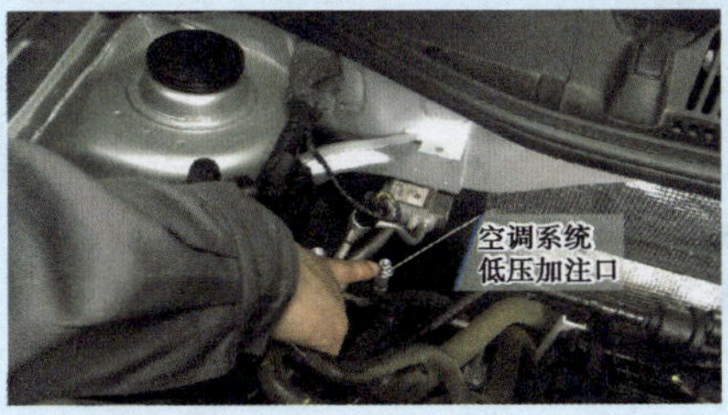	检查空调系统＿＿＿＿＿＿＿处，应无水或油污等污渍

续表

序号	图示	步骤及技术要点
7	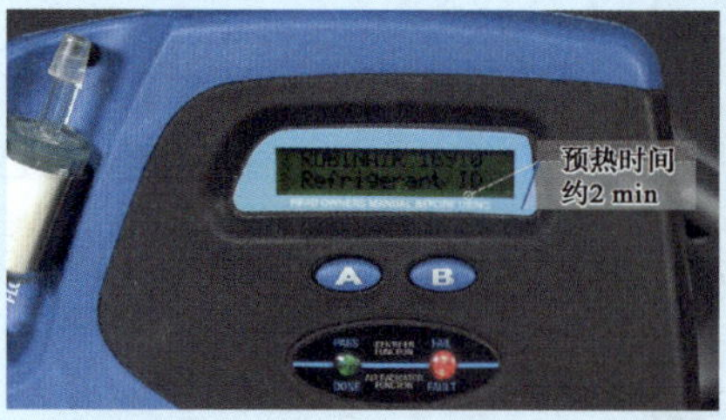	把制冷剂鉴别仪电源线连接到电源插座上，制冷剂鉴别仪自动开机，进入预热模式，预热时间约 2 min 注意：为防止电击，不要用湿手接触任何电气设备或插拔插头
8	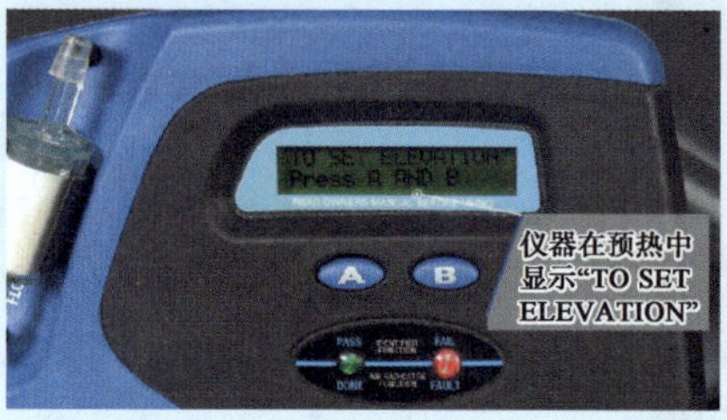	仪器在预热中显示"TO SET ELEVATION"，按住________、________键直到显示屏出现"USEAGE ELEVATION, 100Feet"，按 B 键设置海拔高度为 0 ft（英尺） 注意：每按一次____键，升高 100 ft；每按一次____键，降低 100 ft
9	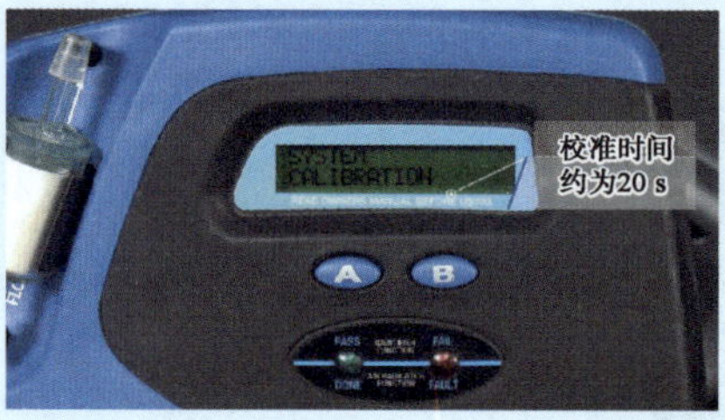	预热完成后，系统自动校准，时间约为 20 s。目的是对仪器内部测量元件________，同时排出残余制冷剂 注意：系统校准时，仪器内部气泵运转发出声音属于____________
10	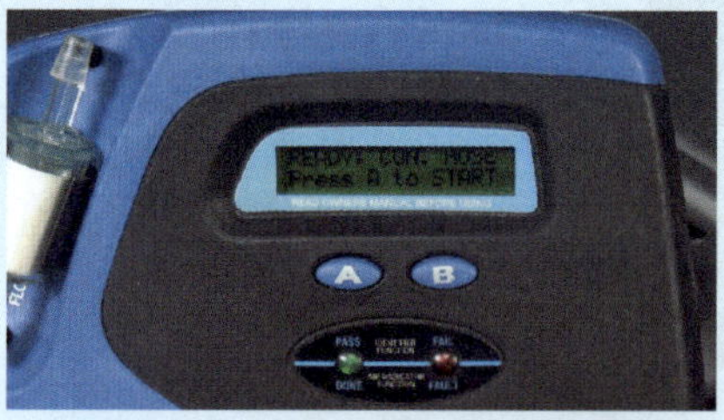 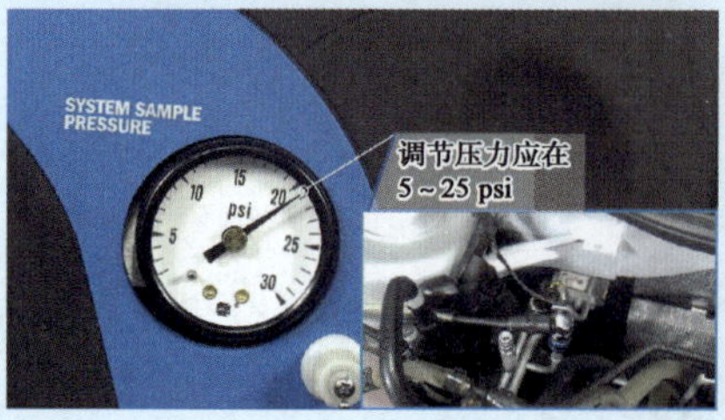	当仪器屏幕出现"READY"等字样时，将采样管的快速接头连接到空调系统________加注口上。调节压力应在__________psi，否则应检查管路密封性 注意：连接管路快速接头时，需佩戴保护手套和防护眼镜，防止手和眼睛冻伤；连接管路前应确保汽车空调处于________状态，否则可能会损坏仪器

续表

序号	图示	步骤及技术要点
11	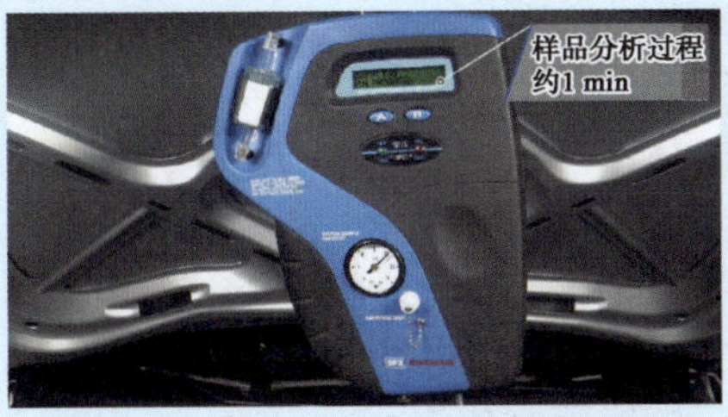	根据系统提示，按 A 键制冷剂样品会立即流向仪器。仪器的样品分析需要约 1min。分析完成，仪器显示检测结果，此时立即拆下________________ 注意：仪器不配有自动切断开关，只要管路是连接的，制冷剂气体将不断流出
12	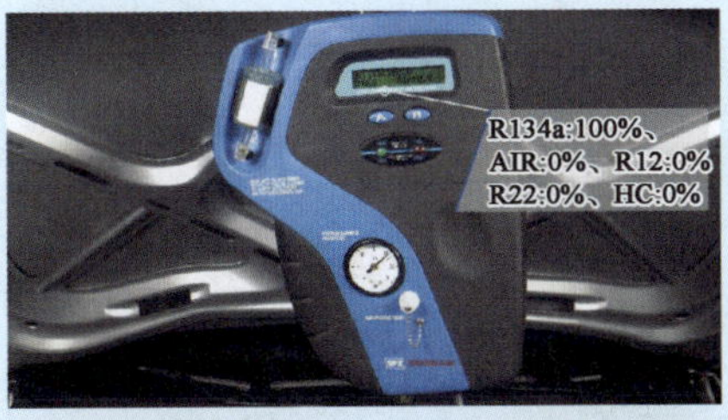 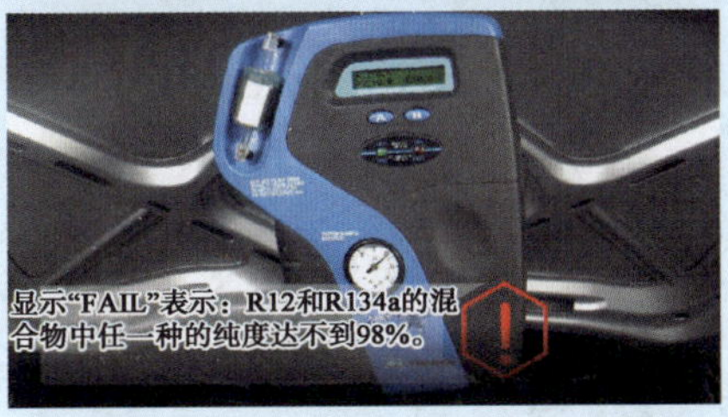	仪器显示检测结果 注意：仪器显示“________”表示制冷剂纯度达到 98% 或更高，通过检验，可以回收；显示“________”表示 R12 和 R134a 的混合物中任一种的纯度达不到 98%；显示“FAIL CONTAMINATED”表示未知制冷剂，如 R22 或 HC 含量大于 4%；显示“NO REFRIGERANT- CHK HOSE CONN”表示空气含量大于 90%，没有制冷剂
13	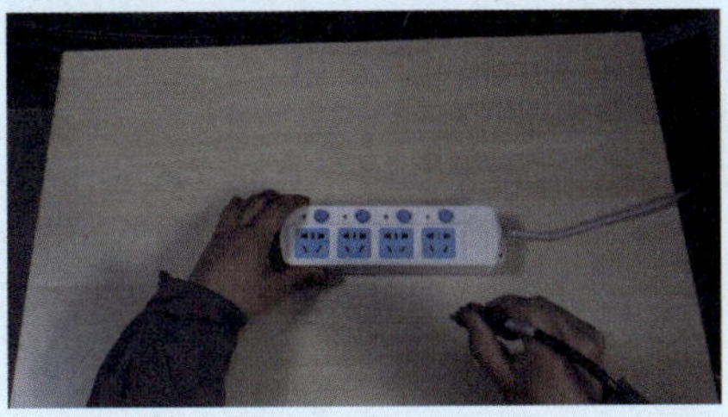	根据系统提示，按____键结束测试，拔下电源插头，关闭制冷剂鉴别仪，按照“5S”要求恢复场地

任务评价

项目	作业内容	评价要点	配分	评价
准备工作	场地准备	工位应干净、整洁，地面无油污	1	□
		车辆停靠在合适位置	1	□
	车辆防护	铺设翼子板及前格栅布	2	□
		铺设车内四件套	2	□

续表

项目	作业内容	评价要点	配分	评价
准备工作	人员防护	工作服穿戴整齐	2	□
		操作时应佩戴棉纱手套	2	□
	检查工作	检查工具车内工具是否齐全和整齐	2	□
		检查制冷剂鉴别仪是否无脏污、损坏，采样管应无开裂、老化等	3	□
操作	操作要点	能正确检查仪器样品出入口、进排气口等	5	□
		能检查空调系统低压加注口处应无水或油污	9	□
		能连接仪器电源使其开机预热	8	□
		能调整仪器海拔高度	8	□
		能连接仪器采样管至空调系统管路	10	□
		能读取仪器采样分析数据，并判断制冷剂是否合格	10	□
	技术规范	知道仪器需要开机预热	5	□
		能查阅并说出所在地区的海拔高度	5	□
		知道仪器的自动校准时间约为 20 s	5	□
		能通过检测结果判断制冷剂含量在什么范围属于合格产品	5	□
职业素养	安全及合作	特殊操作应佩戴安全帽、防酸碱手套或绝缘手套、护目镜等防护用品	5	□
		小组作业时应互相配合、合理分工，不可发生争执	5	□
	“5S”管理	注意安全操作，不可随意放置工具、量具且不应有其他安全隐患	5	□
总评分				

任务十八 空调压力表组加注制冷剂

学习目标

1. 能掌握空调压力表组的结构组成。
2. 能说出汽车空调系统的工作原理。
3. 能正确使用空调压力表组加注制冷剂。
4. 能说出空调压力表组高压侧和低压侧加注的要求和注意事项。

任务描述

一辆丰田卡罗拉 1.6 L 轿车空调不制冷，维修技师检查是空调制冷剂不足引起，现在要求对空调系统添加制冷剂，本任务的主要内容是空调压力表组加注制冷剂。

问题 1：汽车空调系统加注制冷剂前抽真空的目的是什么？

____

____

问题 2：加注制冷剂时，制冷剂罐为什么有正置和倒置两种情况？

____

____

相关知识

空调系统制冷剂在封闭管路内工作，检查或维修空调系统必须借助空调压力表组。空调压力表组是汽车空调维修中必不可少的工具，不仅用于抽真空、加注制冷剂等，还用于故障检测。

空调压力表组主要由高压表、低压表、高压阀门、低压阀门、观察窗和连接软管等组成，如下图所示。红色连接软管（高压软管）连接高压阀门，蓝色软管（低压软管）连接低压阀门，黄色软管（中间软管）连接真空泵或者制冷剂罐。高、低压阀门可以调节高、低压软管与中间软管的连接。

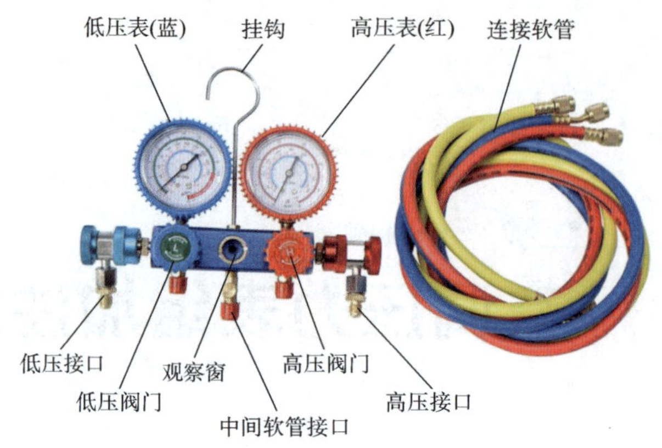

 任务准备

1. 工具器材

操作前需要准备以下设备、工具及辅助材料等（以单工位为例）。

设备、 工具及辅助材料

序号	名称	规格	数量
1	丰田卡罗拉轿车	1.6 L	1
2	工具车及配套工具	JTC 三层	1
3	零件车	/	1
4	空调压力表组	通用	1
5	R134a 制冷剂	300 g	2
6	汽车空调压缩机润滑油（冷冻机油）	R134a 专用	1
7	气门芯钥匙	通用	1
8	棉纱手套	/	2

2. 小组分工

职务	代码	姓名	工作内容
组长	A		
组员	B		
	C		
	D		
	E		

任务实施

序号	图示	步骤及技术要点
1		打开发动机引擎盖，铺设翼子板、前格栅布和车内四件套
2		将____色高压连接软管与空调压力表组高压表相连，并____时针拧紧高压阀门 注意：如果高压阀门未关闭，连接空调检测口时会造成制冷剂泄漏
3		将____色低压连接软管与空调压力表组低压表相连，并____时针拧紧低压阀门 注意：如果低压阀门未关闭，连接空调检测口时会造成制冷剂泄漏
4		将黄色连接软管与中间接口相连
5		将高、低压快速接头分别连接至高、低压软管上
6		____时针旋转高、低压快速接头旋钮，使气门顶针回到________位。然后将高、低压快速接头连接到空调系统对应的高、低压管路检测口上，并确保连接牢靠 注意：如果没有逆时针旋转高、低压快速接头旋钮，连接时会造成制冷剂泄漏且安装困难

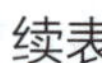
续表

序号	图示	步骤及技术要点
7		将中间黄色软管连接到真空泵进口上
8		顺时针方向旋转高、低压快速接头旋钮，顶开管路检测口内的气门芯 注意：此时空调系统高、低压管路与空调压力表组高、低压软管已接通，压力表可以读取空调系统压力值
9		打开真空泵开关，启动真空泵
10		打开高、低压手动阀门，观察压力表，表针应向抽真空方向偏摆
11		当系统抽至真空接近______kPa 时，关闭高、低压手动阀门和快速接头阀门，并关闭________
12		将________软管一端从压力表组上卸下

续表

序号	图示	步骤及技术要点
13	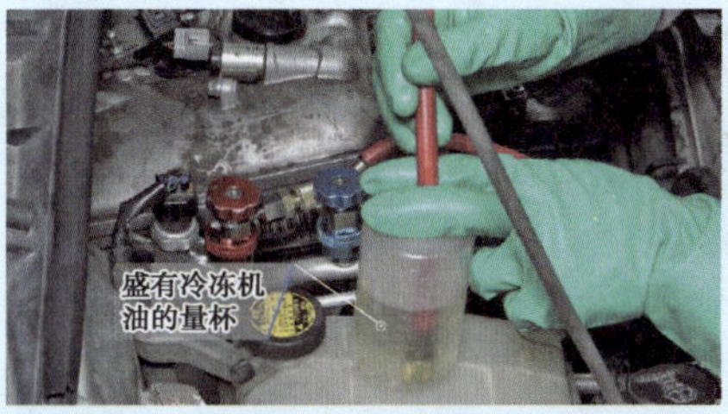	将软管插入盛有冷冻机油的量杯中
14	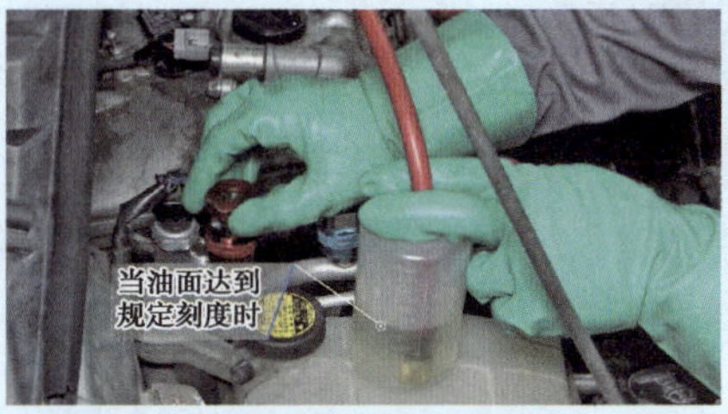	打开高压软管快速接头阀门，冷冻机油从量杯内被吸入空调高压管路，当油面达到规定刻度时，立即关闭________________ 注意：冷冻机油液面不可低于高压软管入口，否则会吸入大量空气
15	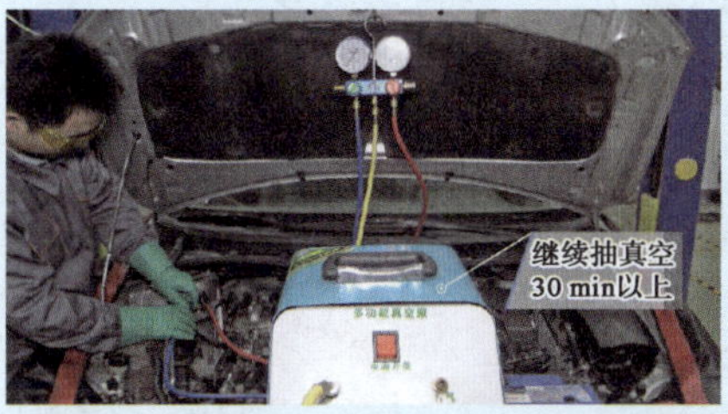	再次将高压软管与压力表组连接，启动真空泵，打开高、压手动阀门和快速接头阀门，继续抽真空 30 min 以上 抽真空 30 min 以上的目的：________________________________
16	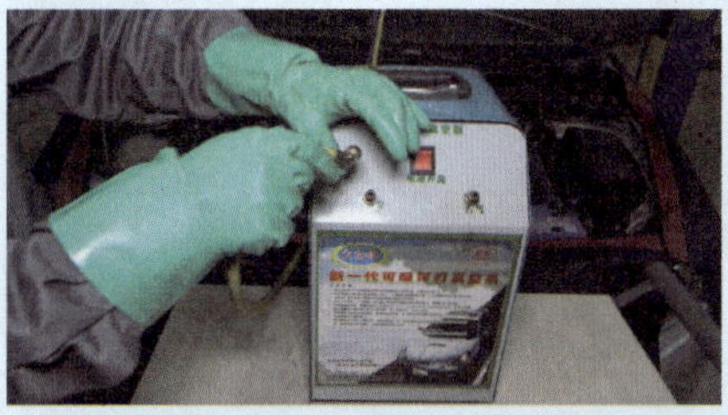	当系统抽真空后，先关闭压力表组上的高、低压手动阀门，然后关闭__________，并从真空泵上拆下中间黄色软管
17	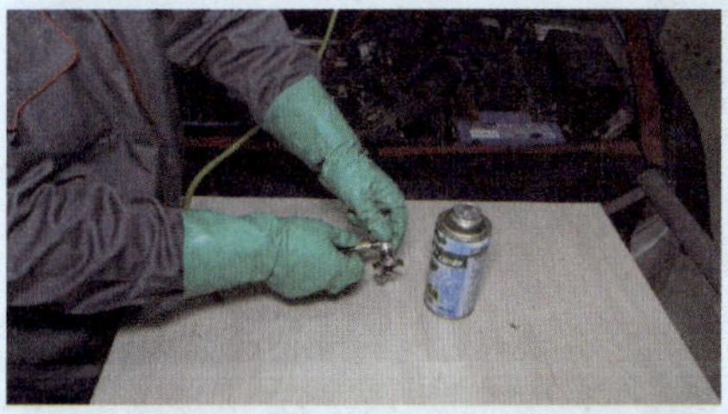	将中间黄色软管的一端与制冷剂罐注入阀的接头连接起来
18		将注入阀拧紧在制冷剂罐上 注意：注入阀拧紧后，应检查连接一定要牢靠，否则加注时可能会造成制冷剂泄漏

续表

序号	图示	步骤及技术要点
19	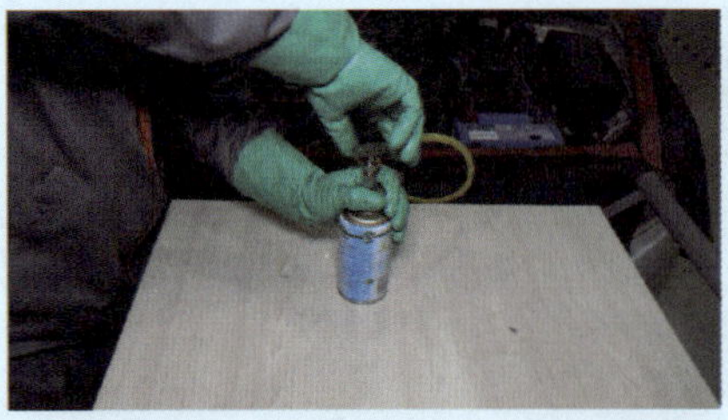	顺时针旋转注入阀手柄，使针阀刺穿制冷剂罐封口，然后逆时针旋转手柄，退回针阀
20	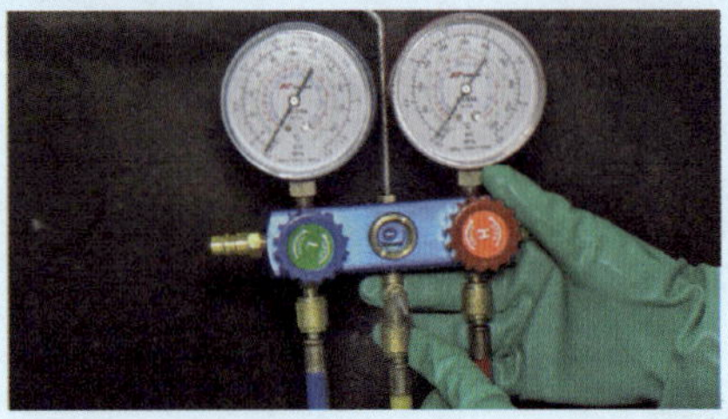	将制冷剂罐________放置，按下压力表组中间软管上的放气阀，让气体溢出几秒钟，把软管中的空气排出 注意：每次更换制冷剂罐时，都需将中间软管中的空气排出
21		将制冷剂罐________，拧开高压侧手动阀门至________位置，以便从高压侧充注液态制冷剂 注意：此时进入管路内的制冷剂为液态，随后逐渐气化
22	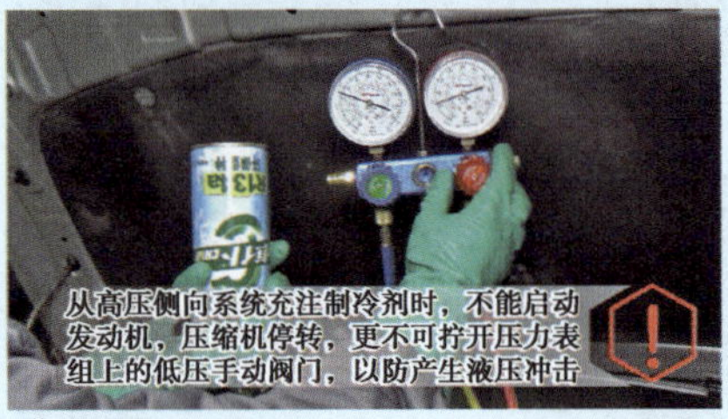	从高压侧注入一定量的液态制冷剂后，关闭压力表组上的高压手动阀门 注意：从高压侧向系统充注制冷剂时，不能启动__________，压缩机停转，更不可拧开压力表组上的低压手动阀门，以防产生液压冲击
23		启动发动机，打开空调，将鼓风机风速调至________，温度调至__________，车门全开，踩下油门踏板，使发动机以 1 500 r/min 的速度运转
24		将制冷剂罐正向放置，打开压力表组上的低压手动阀门，让制冷剂继续进入制冷系统，直至充注量达到规定值 注意：此时不可将制冷剂罐倒置，否则容易造成液态制冷剂灌入空调管路造成压缩机损坏

续表

序号	图示	步骤及技术要点
25		向系统中充注规定量制冷剂后，从观察窗观察系统内是否有________。丰田卡罗拉轿车空调系统低压侧正常压力为 0.15 ~ 0.25 MPa，高压侧正常压力为 1.37 ~ 1.57 MPa
26		充注完毕后，关闭低压手动阀门和高、低压快速接头阀门，拆下制冷剂罐上的注入阀，使发动机停止运转，将压力表组从制冷系统上拆下，并按照“5S”要求恢复场地 压力表组拆下后，检查高、低压检测口是否有泄漏，若有泄漏则应用气门芯钥匙调整

任务评价

项目	作业内容	评价要点	配分	评价
准备工作	场地准备	工位应干净、整洁，地面无油污	1	□
		车辆停靠在合适位置	1	□
	车辆防护	铺设翼子板及前格栅布	2	□
		铺设车内四件套	2	□
	人员防护	工作服穿戴整齐	2	□
		操作时应佩戴棉纱手套	2	□
	检查工作	检查工具车内工具是否齐全和整齐	2	□
		检查空调压力表组管路、阀门、压力表等是否正常	3	□
操作	操作要点	能组装空调压力表组	5	□
		能正确连接高、低压管路至空调系统检测口	9	□
		能按照顺序打开和关闭各阀门	8	□
		能用真空泵对管路进行抽真空	8	□
		能从高压侧加注空调压缩机润滑油	10	□
		能分别从高、低压侧加注制冷剂	10	□

续表

<table>
<tr><th>项目</th><th>作业内容</th><th>评价要点</th><th>配分</th><th>评价</th></tr>
<tr><td rowspan="4">操作</td><td rowspan="4">技术规范</td><td>能查阅资料说出操作车型制冷剂的类型及加注量</td><td>5</td><td>□</td></tr>
<tr><td>能说出实训车型空调压缩机润滑油的加注量</td><td>5</td><td>□</td></tr>
<tr><td>能说出加注完毕空调运行时，高、低压侧正确的压力值</td><td>5</td><td>□</td></tr>
<tr><td>能说出对空调系统抽真空的目的</td><td>5</td><td>□</td></tr>
<tr><td rowspan="3">职业素养</td><td rowspan="2">安全及合作</td><td>特殊操作应佩戴安全帽、防酸碱手套或绝缘手套、护目镜等防护用品</td><td>5</td><td>□</td></tr>
<tr><td>小组作业时应互相配合、合理分工，不可发生争执</td><td>5</td><td>□</td></tr>
<tr><td>“5S”管理</td><td>注意安全操作，不可随意放置工具、量具且不应有其他安全隐患</td><td>5</td><td>□</td></tr>
<tr><td colspan="3">总评分</td><td colspan="2"></td></tr>
</table>

任务十九 制冷剂回收加注机回收制冷剂

学习目标

1. 能说出制冷剂回收加注机回收空调制冷剂的优点。
2. 能正确使用制冷剂回收加注机回收制冷剂。
3. 能说出制冷剂回收加注机回收制冷剂的操作步骤与注意事项。

任务描述

一辆丰田卡罗拉 1.6 L 轿车空调不制冷，经过维修技师检查是空调制冷剂不足引起，现在要求对空调系统重新加注制冷剂，本任务的主要内容是用制冷剂回收加注机回收制冷剂。

问题 1：制冷剂回收前，运行空调 5 min 的目的是什么？

____

____

问题 2：视频中车型空调系统制冷剂的回收量是多少？

____

____

相关知识

在传统汽车空调维修工艺中，空调系统中多余的制冷剂通常是直接排入大气中，这样做不仅经济效益不高，而且还会对环境造成污染。随着汽车数量越来越多，用机器对汽车空调制冷剂回收可最大限度地减少制冷剂泄漏，减少浪费和对大气的污染，同时规范化操作，也可达到保护操作人员人身安全的目的。

制冷剂回收加注机是集合了空调压力表组、真空泵、制冷剂罐等设备于一体的智能化设备。是空调维修中的重要设备之一，能有效提高空调维修效率，通过该设备界面的按键操作即可完成空调系统制冷剂、润滑油的回收与加注工作，减轻了维修人员的工作量，同时可避免制冷剂排入大气，起到了环保作用。

任务准备

1. 工具器材

操作前需要准备以下设备、工具及辅助材料等（以单工位为例）。

设备、 工具及辅助材料

序号	名称	规格	数量
1	丰田卡罗拉轿车	1.6 L	1
2	零件车	/	1
3	制冷剂回收加注机	/	1
4	棉纱手套	/	2

2. 小组分工

职务	代码	姓名	工作内容
组长	A		
组员	B		
	C		
	D		
	E		

任务实施

序号	图示	步骤及技术要点
1		打开发动机引擎盖，铺设翼子板、前格栅布和车内四件套

续表

序号	图示	步骤及技术要点
2		启动发动机，打开空调开关
3	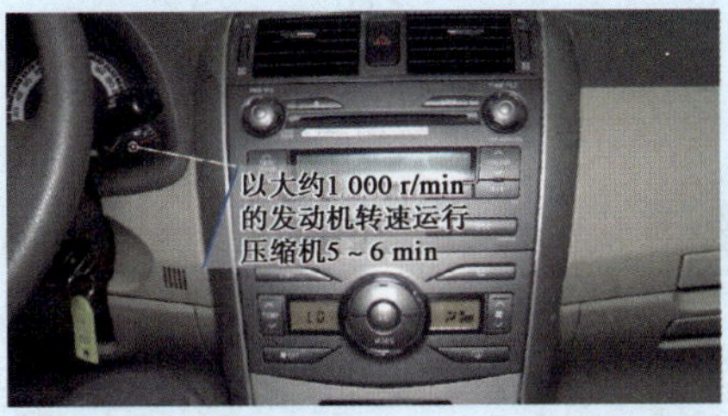	将空调控制面板设置为____循环，鼓风机风速调至________，温度设置________，风向设置为吹头部，以大约1 000 r/min的发动机转速运行压缩机5～6 min 空调运转的目的是使制冷剂循环，空调系统不同部件中的______________大部分都被收集到空调压缩机中
4	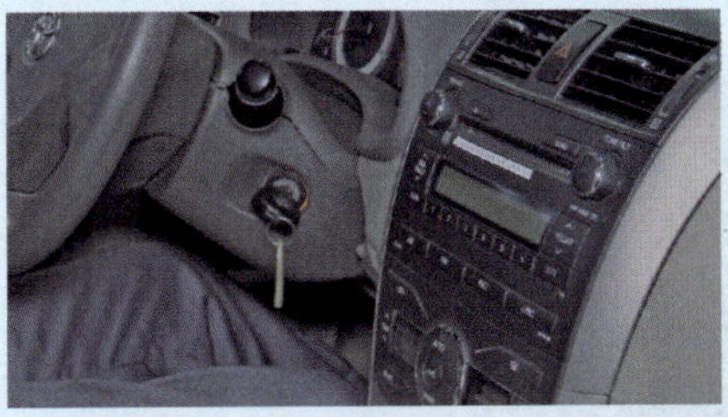	关闭空调和发动机
5		打开制冷剂回收加注机电源开关
6		按下制冷剂回收加注机操作面板上制冷剂“回收”按键，并通过操作面板上的数字键输入最大回收量 丰田卡罗拉车型设置回收量为：_____g

续表

序号	图示	步骤及技术要点
7		____时针旋转高、低压快速接头旋钮，使气门顶针回到最高位。然后将高、低压快速接头连接到空调系统对应的高、低压管路检测口上，并确保连接牢靠 注意：红色软管连接空调系统的____________，蓝色软管连接空调系统的____________
8		____时针方向旋转高、低压快速接头旋钮，顶开管路检测口内的气门芯 注意：旋转过程观察压力表，当压力表指针开始转动时，说明________________________，应停止转动旋钮，防止将气门芯顶坏
9		打开制冷剂回收加注机面板上的高、低压阀门，此时汽车空调高、低压管已与____________________相连通
10		按下制冷剂回收加注机操作面板上“确认”键后，制冷剂回收加注机自动进行回收管路清洁。清洁完毕后自动进入制冷剂“正在回收”界面，同时屏幕上显示回收量。回收结束后进入“排油”提示界面 注意：在回收过程中，应观察压力表指针，当压力到达________时，应及时按“取消”键，停止回收，防止损坏回收机中的________

续表

序号	图示	步骤及技术要点
11		按下制冷剂回收加注机操作面板上“确认”键后，制冷剂回收加注机自动排出旧的冷冻机油，排完旧的冷冻机油后自动进入________提示界面
12		逆时针旋转高、低压快速接头旋钮，使气门顶针回到最高位，拆下高、低压快速接头
13		按下“取消”键，关闭制冷剂回收加注机高、低压阀门，关闭电源开关，按照“5S”要求恢复场地

任务评价

项目	作业内容	评价要点	配分	评价
准备工作	场地准备	工位应干净、整洁，地面无油污	1	□
		车辆停靠在合适位置	1	□
	车辆防护	铺设翼子板及前格栅布	2	□
		铺设车内四件套	2	□
	人员防护	工作服穿戴整齐	2	□
		操作时应佩戴棉纱手套	2	□
	检查工作	检查工具车内工具是否齐全和整齐	2	□
		检查制冷剂回收加注机管路、阀门、压力表等是否正常	3	□

续表

项目	作业内容	评价要点	配分	评价
操作	操作要点	能操作空调控制面板使空调运转	5	□
		能查阅资料说出操作车型空调系统制冷剂含量并输入最大回收量	9	□
		能安装高、低压快速接头至空调检测口	8	□
		能按照顺序打开高、低压快速接头及高、低压阀门	8	□
		能检查排除的压缩机润滑油量	10	□
		能正确拆下高、低压快速接头	10	□
	技术规范	能说出打开空调运转的目的	5	□
		能说出高、低压快速接头顺时针和逆时针旋转的作用	5	□
		能说出回收过程中压力表指到负压时，及时取消的目的	5	□
		能说出压缩机润滑油的特性及检查排除量的目的	5	□
职业素养	安全及合作	特殊操作应佩戴安全帽、防酸碱手套或绝缘手套、护目镜等防护用品	5	□
		小组作业时应互相配合、合理分工，不可发生争执	5	□
	“5S”管理	注意安全操作，不可随意放置工具、量具且不应有其他安全隐患	5	□
总评分				

任务二十 制冷剂回收加注机加注制冷剂

学习目标

1. 能掌握制冷剂回收加注机加注空调制冷剂的工作原理。
2. 能说出制冷剂回收加注机加注空调制冷剂的优点。
3. 能正确使用制冷剂回收加注机加注制冷剂。
4. 能说出制冷剂回收加注机加注制冷剂的操作步骤与注意事项。

任务描述

一辆丰田卡罗拉1.6 L轿车空调不制冷，经过维修技师检查是空调制冷剂不足引起，现在要求对空调系统重新加注制冷剂，本任务的主要内容是使用制冷剂回收加注机加注制冷剂。

问题：冷冻机油的加注量是根据什么来确定的？

____

____

任务准备

1. 工具器材

操作前需要准备以下设备、工具及辅助材料等（以单工位为例）。

设备、工具及辅助材料

序号	名称	规格	数量
1	丰田卡罗拉轿车	1.6 L	1
2	工具车及配套工具	JTC 三层	1
3	零件车	/	1
4	制冷剂回收加注机	/	1
5	R134a 制冷剂	/	1
6	汽车空调压缩机润滑油（冷冻机油）	R134a 专用	1
7	气门芯钥匙	通用	1
8	棉纱手套	/	2

2. 小组分工

职务	代码	姓名	工作内容
组长	A		
组员	B		
	C		
	D		
	E		

任务实施

序号	图示	步骤及技术要点
1		打开发动机引擎盖，铺设翼子板、前格栅布和车内四件套
2		逆时针旋转高、低压快速接头旋钮，使气门顶针回到最高位。然后将高、低压快速接头连接到空调系统对应的高、低压管路检测口上，并确保连接牢靠 注意：红色软管连接空调系统的______________，蓝色软管连接空调系统的______________

续表

序号	图示	步骤及技术要点
3	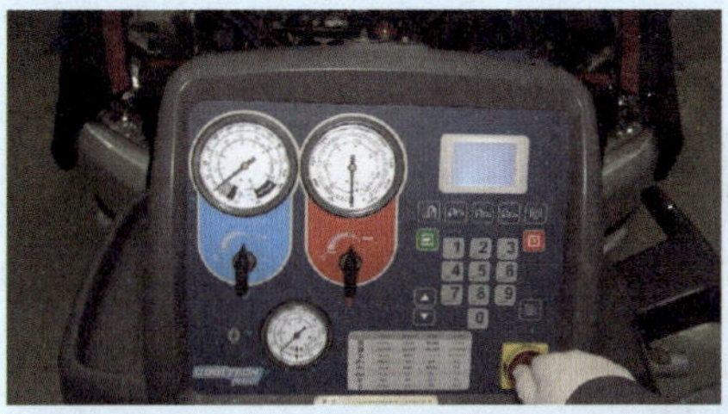	打开制冷剂回收加注机电源开关
4	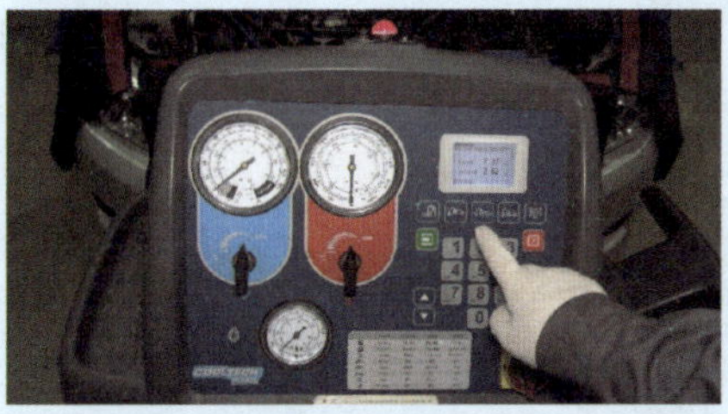	按下操作面板上“抽真空”键，仪器进行抽真空，按数字键，设置抽真空时间 15 min 抽真空的目的：抽取空调系统管路内的空气和水分
5		顺时针方向旋转高、低压快速接头旋钮，顶开管路检测口内的气门芯 注意：旋转过程观察压力表，当压力表指针开始转动时，说明________________________________，应停止转动旋钮，防止将气门芯顶坏
6	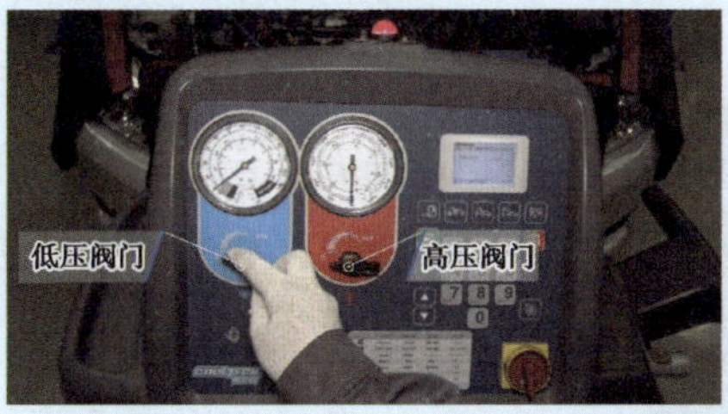	打开制冷剂回收加注机面板上的高、低压阀门，此时汽车空调高、低压管已与________________相连通
7		按“确认”键进行抽真空。抽真空时间到后，仪器自动停止真空泵工作。运行抽真空之前，必须检查压力表。只有在低压小于____kPa 时才可进行抽真空操作，否则将会损坏真空泵。如果压力大于____kPa，应先运行__________功能

续表

序号	图示	步骤及技术要点
8	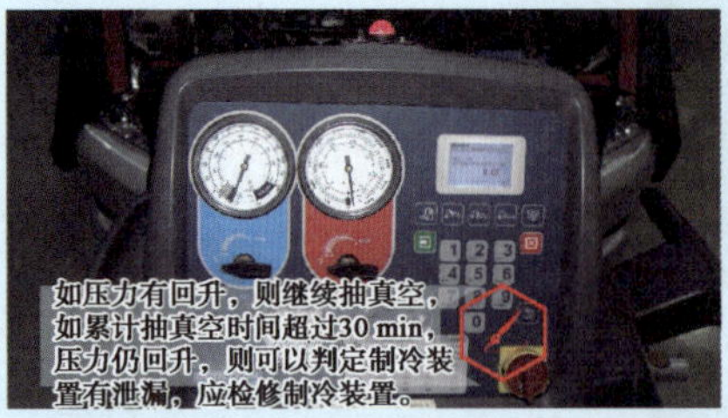	按“确认”键进行保压，观察压力表示值有无变化。如压力有回升，则继续抽真空，如果累计抽真空时间超过 30 min，压力仍回升，则可以判定制冷装置有________，应检修制冷装置 抽真空保压的目的：____________________
9	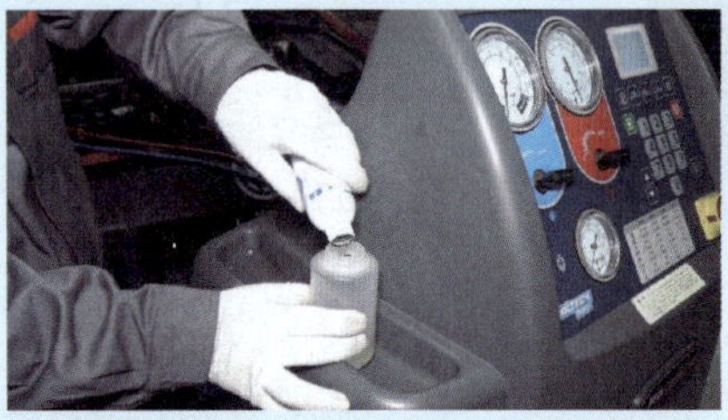	从制冷剂回收加注机拆下注油瓶，将适量的冷冻机油加入注油瓶内
10	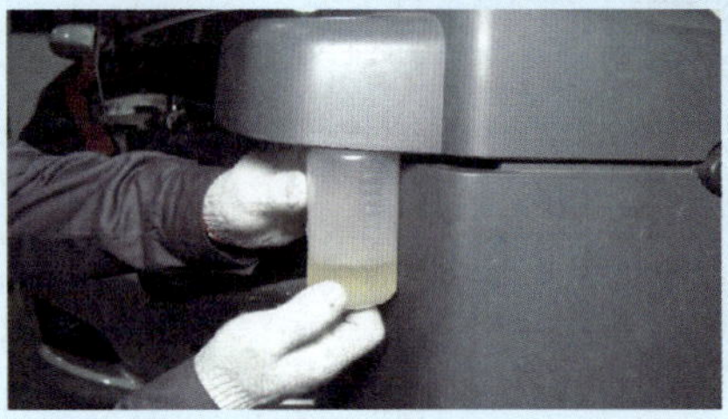	加完冷冻机油后将注油瓶装复
11	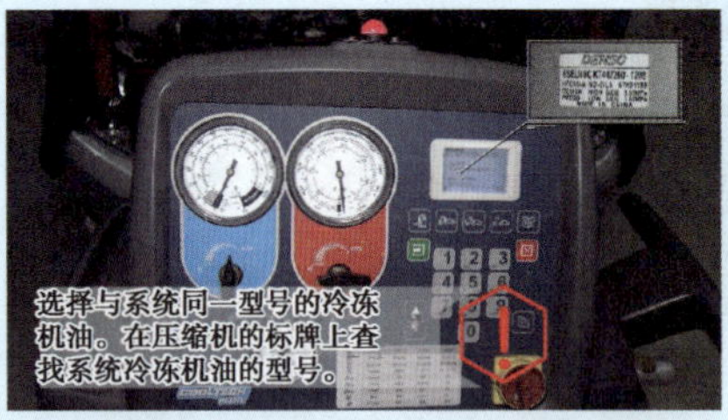 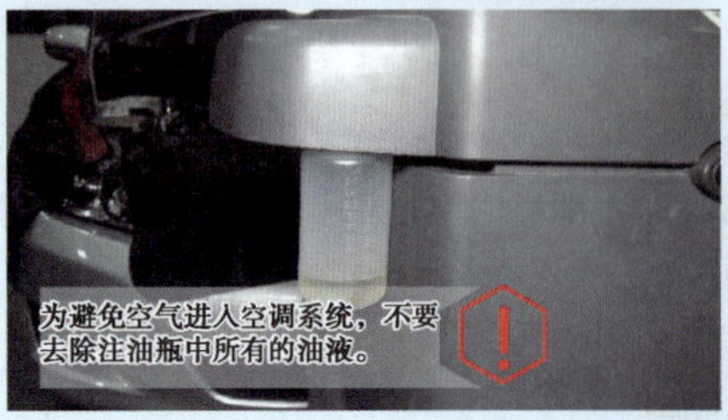	按“确认”键进入加注冷冻机油界面。关闭低压阀门，打开高压阀门，按“确认”键加注冷冻机油。根据界面提示，查看注油瓶的液面位置，建议补充的冷冻机油量比排出的冷冻机油量增加____mL 在压缩机的标牌上查找系统冷冻机油的型号，选择与系统同一型号的冷冻机油。在加注过程中，必须一直观察注油瓶内的液面，达到补充量后及时按“________”键，暂停加注冷冻机油，确认加注量达到要求后，按“________”键结束加注冷冻机油。为避免空气进入空调系统，不要去除注油瓶中所有的油液

续表

序号	图示	步骤及技术要点
12		冷冻机油加注结束后，按“确认”键准备加注________
13	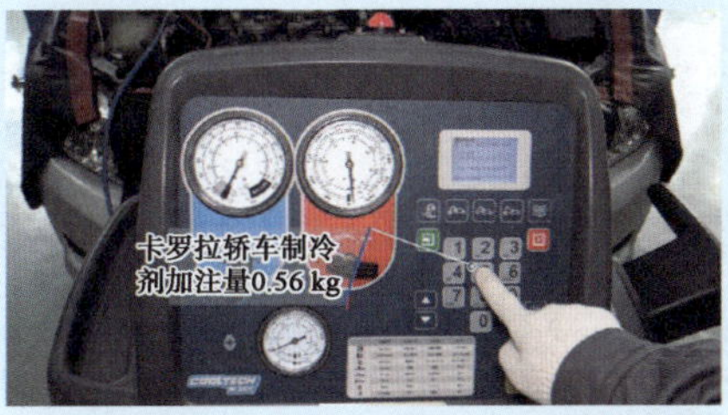	进入制冷剂加注界面，并通过数字键输入要加注的制冷剂质量，丰田卡罗拉轿车制冷剂加注量为________kg 加注制冷剂时需选择与系统同一型号的制冷剂，并检查制冷剂罐中的制冷剂是否充足
14	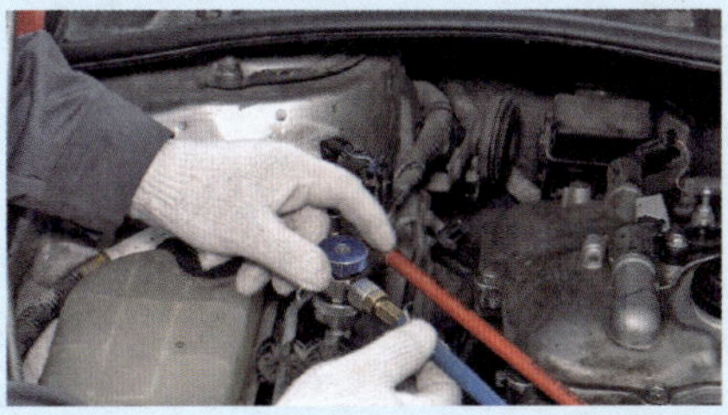	根据界面要求，采用单管加注，关闭低压阀门和低压快速接头，防止加注的制冷剂从低压检测口泄漏，打开高压阀门，并按下制冷剂回收加注机面板上的“确认”键
15	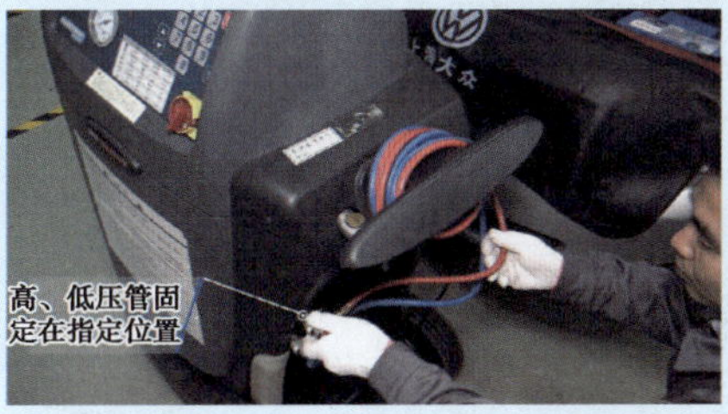	加注结束，根据界面显示，逆时针旋转高压快速接头旋钮，将加注管与制冷系统断开 拆下快速接头后，检查高、低压检测口是否有泄漏，若有泄漏，则应用专用的气门芯钥匙调整
16	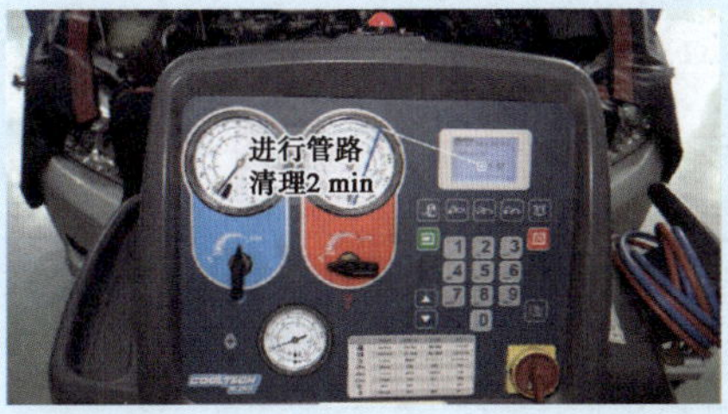	按“确认”键进行管路清理，管路清理的作用是____________________ ____________________

续表

序号	图示	步骤及技术要点
17		仪器对管路清洁后，按“确认”键退出，关闭制冷剂回收加注机高、低压阀门，关闭电源开关。按“5S”要求恢复场地

任务评价

项目	作业内容	评价要点	配分	评价
准备工作	场地准备	工位应干净、整洁，地面无油污	1	□
		车辆停靠在合适位置	1	□
	车辆防护	铺设翼子板及前格栅布	2	□
		铺设车内四件套	2	□
	人员防护	工作服穿戴整齐	2	□
		操作时应佩戴棉纱手套	2	□
	检查工作	检查工具车内工具是否齐全和整齐	2	□
		检查制冷剂回收加注机管路、阀门、压力表等是否正常	3	□
操作	操作要点	能安装高、低压快速接头至空调检测口	5	□
		能设置抽真空时间	9	□
		能用机器进行抽真空保压检查	8	□
		能正确加注空调压缩机润滑油	8	□
		能单管定量加注制冷剂	10	□
		能正确拆下高、低压快速接头并进行管路清理	10	□
	技术规范	能说出设备红、蓝软管对应连接的空调高、低压管	5	□
		能说出设备抽真空的时间与保压作用	5	□
		能说出空调压缩机润滑油加注量的选择依据	5	□
		能掌握管路清理的方法	5	□

续表

项目	作业内容	评价要点	配分	评价
职业素养	安全及合作	特殊操作应佩戴安全帽、防酸碱手套或绝缘手套、护目镜等防护用品	5	□
		小组作业时应互相配合、合理分工，不可发生争执	5	□
	“5S”管理	注意安全操作，不可随意放置工具、量具且不应有其他安全隐患	5	□
总评分				

任务二十一 手动变速器油的更换

学习目标

1. 能说出手动变速器油检查及更换的要求。
2. 能说出变速器油更换机的功能。
3. 能按照维修手册，选择合适型号的手动变速器油。
4. 能正确且规范地完成手动变速器油的更换。

任务描述

一辆上海大众 POLO 1.4 L 轿车进店维护，客户反映车辆已经使用超过 5 年，行驶总里程 100 000 km，维修技师检查发现手动变速器油有变质情况应更换，本任务的主要内容是手动变速器油的更换。

问题 1：观看视频，白色油壶的作用是什么？它有哪些特殊功能？

____

____

问题 2：在换油过程中，通过什么方法确定变速器油液位正常？与检查发动机润滑油液位有什么区别？

____

____

相关知识

手动变速器油是以石油或合成润滑油为主，加入极压抗磨剂和油性剂调制而成的，常用于各种齿轮传动装置，以防止齿面磨损、擦伤、烧结等，延长齿轮使用寿命，提高传递效率。手动变速器油具有良好的耐磨、耐负荷性和合适的黏度，此外，还具有良好的热氧化安定性、抗泡性、水分离性和防锈性等。

变速器在使用中频繁换挡，且长期在高转速、大负荷工况下工作，其零部件会产生磨损或损伤，致使使用性能下降。因此，定期检查或更换变速器齿轮油是维护变速器的重要措施之一。一般乘用车建议每隔 3 年或行驶 60 000 km 更换手动变速器油。

任务准备

1. 工具器材

操作前需要准备以下设备、工具及辅助材料等（以单工位为例）。

设备、工具及辅助材料

序号	名称	规格	数量
1	上海大众 POLO 轿车	1.4 L	1
2	举升机	双柱式	1
3	变速器油更换机	气压式	1
4	工具车及配套工具	JTC 三层	1
5	手动变速器油	1 L	5
6	化油器清洗剂	450 mL	1
7	预置式扭力扳手	10～50 N · m	1
8	零件车	/	1
9	抽油机	/	1
10	棉纱手套	/	2

2. 小组分工

职务	代码	姓名	工作内容
组长	A		
组员	B		
	C		
	D		
	E		

任务实施

序号	图示	步骤及技术要点
1		使汽车行驶一段时间，待变速器油温升高后，将汽车停放在________
2		举升车辆，拆下放油螺塞，将旧的润滑油放出至抽油机中 注意：使用过的润滑油可能含有伤害皮肤的有毒污染物，因此应避免皮肤过多接触使用过的润滑油
3		润滑油放净后，拧上________，扭矩为______N·m
4	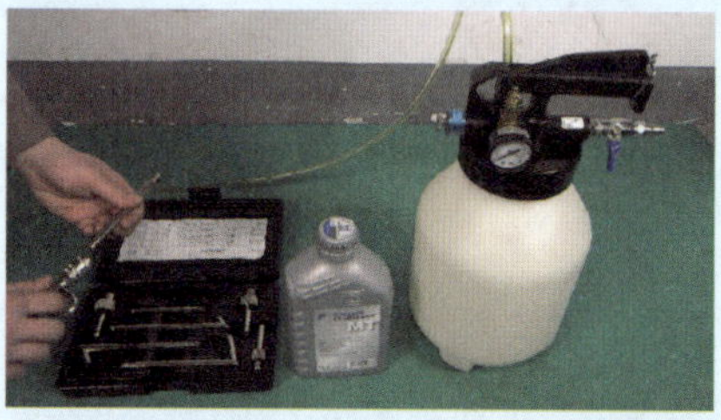	将合适的油管接头连接到变速器油更换机的油管上
5		将压缩空气气管连接至变速器油更换机的快速连接头上
6		将空气流量控制阀开到________

续表

序号	图示	步骤及技术要点
7	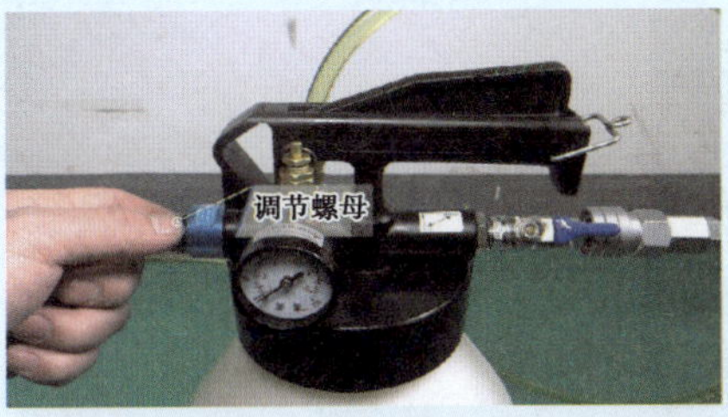	逆时针旋转调节螺母，使变速器油更换机处于____________
8		按下手柄上的阀门，用锁扣锁住
9		将油管接头插入新的润滑油油桶中，打开油管上的阀门，将新的润滑油抽到变速器油更换机中 注意：不能打开变速器油更换机______________加油，以免密封不严，影响使用效果。抽到变速器油更换机中的油液，不得少于待更换变速器需加注的油量
10	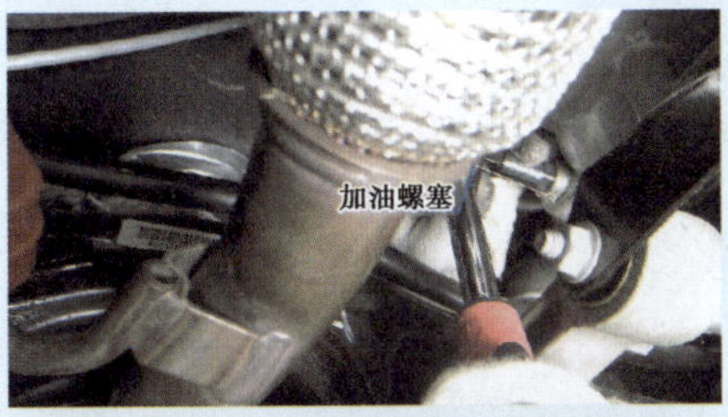	拆下变速器加油螺塞
11	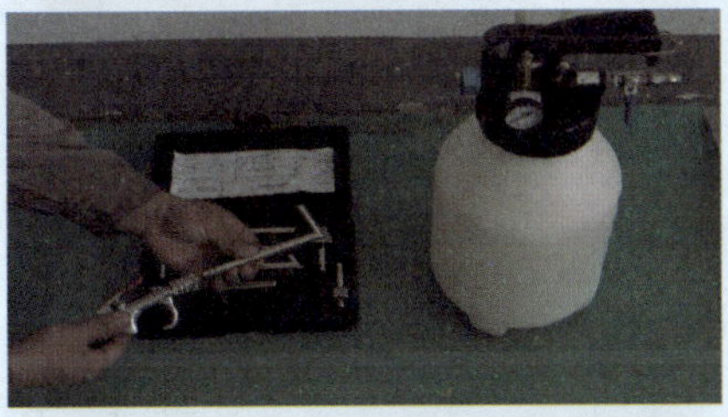	将与车型相匹配的加油接头连接至变速器油更换机
12	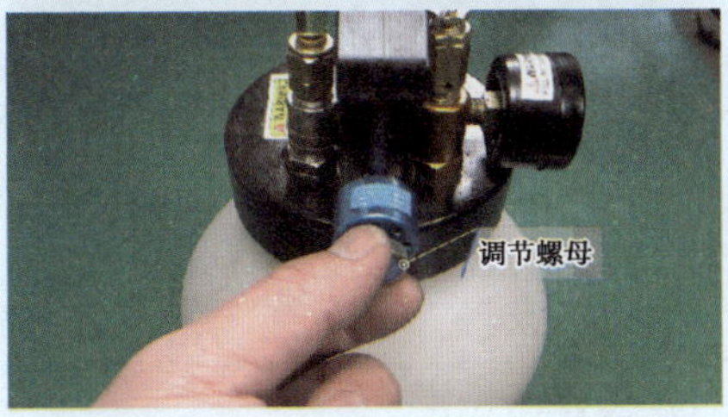	用手顺时针转动调节螺母，使变速器油更换机处于____________

续表

序号	图示	步骤及技术要点
13		按下手柄阀门，用锁扣锁住
14		将油管接头插入到变速器加油口中，打开油管阀门，将新的润滑油加注到变速器中，直至加油口有润滑油溢出时停止加注 注意：变速器油液面高度应在变速器________范围内。油液过多或过少都可能引起变速器故障
15		安装变速器加油螺塞，扭矩为______N·m，并用化油器清洗剂清洁溢出的齿轮油
16		变速器油更换完毕，驾驶车辆并再次检查油液高度以及变速器是否漏油

任务评价

项目	作业内容	评价要点	配分	评价
准备工作	场地准备	工位应干净、整洁，地面无油污	1	□
		车辆停靠在举升机合适位置	1	□
	车辆防护	铺设翼子板及前格栅布	2	□
		铺设车内四件套	2	□
	人员防护	工作服穿戴整齐	2	□
		操作时应佩戴棉纱手套	2	□
	检查工作	检查工具车内工具是否齐全且摆放整齐	3	□
		检查变速器油更换机各阀门开关是否正常	2	□

续表

项目	作业内容	评价要点	配分	评价
操作	操作要点	能用套筒工具拆下放油螺塞，并排空旧的变速器油	5	□
		能按照标准力矩拧紧放油螺塞并清洁油迹	8	□
		能连接变速器油更换机管接头并调整阀门，抽取新油	9	□
		能找到加油口并拆卸加油螺塞	8	□
		能调整阀门并选择合适的管接头给变速器添加新油	10	□
		能确定新油加注量并按照标准力矩拧紧加油螺塞	10	□
	技术规范	能查阅维修手册找到变速器的放油口及加油口	5	□
		掌握变速器油更换机的操作方法	5	□
		能按照标准力矩拧紧放油及加油螺塞	5	□
		能根据车型选择合适型号的变速器油并确定加注量	5	□
职业素养	安全及合作	特殊操作应佩戴安全帽、防酸碱手套或绝缘手套、护目镜等防护用品	5	□
		小组作业时应互相配合、合理分工，不可发生争执	5	□
	“5S”管理	注意安全操作，不可随意放置工具、量具且不应有其他安全隐患	3	□
		地上有油污时应及时擦掉，废弃物应环保处理	2	□
总评分				

任务二十二 自动变速器油品质的检查与过滤器的更换

学习目标

1. 能判别自动变速器油的品质。
2. 能掌握自动变速器油的更换条件。
3. 能根据自动变速器油的品质来判断自动变速器的故障范围。
4. 能说出更换自动变速器过滤器的操作步骤。

任务描述

一辆丰田卡罗拉1.6 L轿车进店维护，客户反映车辆已经使用超过3年，行驶总里程约60 000 km，经维修技师检查应对该车辆更换自动变速器油，本任务的主要内容是自动变速器油品质的检查与过滤器的更换。

问题1：简述自动变速器油变质后，会引起哪些现象？

____

____

问题2：自动变速器油底壳螺栓拧紧的顺序遵循什么原则？

____

____

相关知识

一般乘用车建议每两年或行驶60 000 km对自动变速器油液进行检查或更换。自动变速器温度过高时容易导致自动变速器油变质从而降低变速器的使用寿命。影响油液温度的主要因素是液力变矩器故障、离合器滑转或分离不彻底、制动器滑转或分离不彻底、单向离合器滑转和油冷却器堵塞等，因此油液温度过高或急剧上升是十分重要和危险的信号，说明自动变速器内部有故障或油量不够。

手动更换自动变速器油液过滤器时，要特别注意油底壳和过滤器螺栓拧紧顺序和紧固力矩，如果操作不当容易将螺栓拧坏；在检查油液品质时，一定要注意油液颜色，并仔细检查油底壳内及磁铁是否有异物和微粒，从而判断变速器是否存在磨损等故障。

任务准备

1. 工具器材

操作前需要准备以下设备、工具及辅助材料等（以单工位为例）。

设备、工具及辅助材料

序号	名称	规格	数量
1	丰田卡罗拉轿车	1.6 L	1
2	举升机	双柱式	1
3	工具车及配套工具	JTC 三层	1
4	自动变速器油	1 L	4
5	化油器清洗剂	450 mL	1
6	预置式扭力扳手	5～25 N·m	1
7	预置式扭力扳手	20～100 N·m	1
8	零件车	/	1
9	棉纱手套	/	2
10	抽油机	/	1

2. 小组分工

职务	代码	姓名	工作内容
组长	A		
组员	B		
	C		
	D		
	E		

任务实施

序号	图示	步骤及技术要点
1		打开发动机引擎盖，铺设翼子板、前格栅布和车内四件套
2		启动发动机，怠速稳定之后，油温达到_________℃，再开始检查
3		用举升机将车辆升起，使车轮离地约_____mm，并锁止
4		检查油液，应为鲜红色、无臭味、无残渣。若油液颜色变成极深的暗红色、褐色或颜色清淡，或有膏状物覆盖在油尺上时，应更换油液

续表

序号	图示	步骤及技术要点
5		用手指沾少许油液捻搓，观察是否有渣粒。若有渣粒表示变速器内部零部件存在磨损，有以下几种情况 油液有烧焦气味：________________________ 油液中有金属屑：________________________ 油尺黏附胶质油膏：______________________
6		用内六角套筒工具拆下自动变速器放油螺塞，排空自动变速器内的油液至抽油机。废油须经专门公司回收处理，不可将废油、废水倒入下水道。避免皮肤过多接触可能含有有毒污染物的油液，这些有毒物质可能导致皮肤过敏或皮肤癌等
7	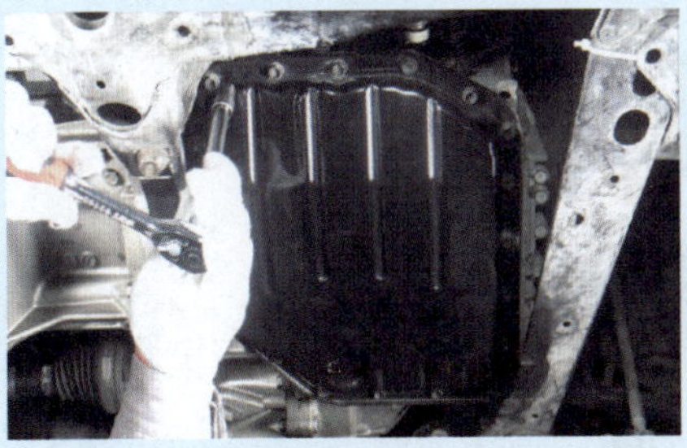	按照对角顺序拧下 19 个油底壳固定螺栓，取下油底壳。在取下油底壳前，需在变速器正下方放置油盆，防止油液滴落至地面 注意：拆下的油底壳及螺栓等零部件应整齐放置在零件车内
8	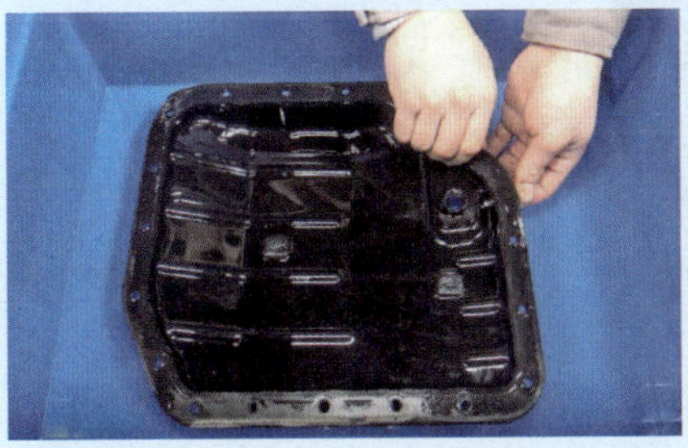	从油底壳上拆下旧的密封垫，若不更换旧的密封垫，造成的后果是____________________

续表

序号	图示	步骤及技术要点
9		拆下油底壳的两块磁铁 注意：仔细检查油底壳内及磁铁上是否有异物或微粒，以判断变速器可能存在的磨损情况
10		用化油器清洗剂和抹布清洁油底壳和磁铁，用压缩空气清洁油底壳和磁铁。用化油器清洗剂和压缩空气清洁零部件时，需佩戴保护手套和护目镜
11	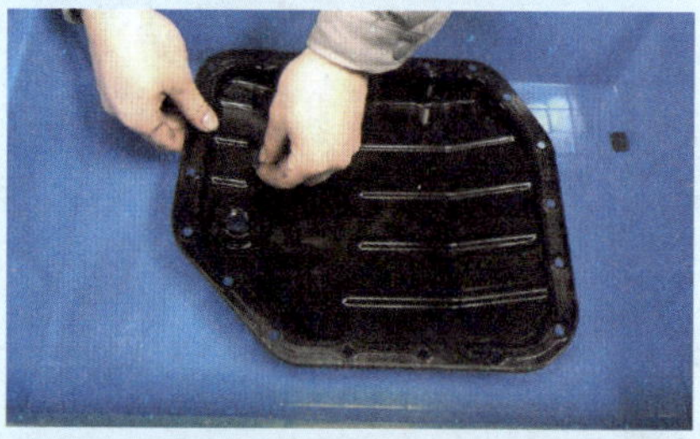	将清洁干净的磁铁装回油底壳
12		拆下过滤器的 3 个螺栓，取下自动变速器阀体过滤器总成，部分油液会从过滤器中流出，需在变速器正下方放置油盆
13	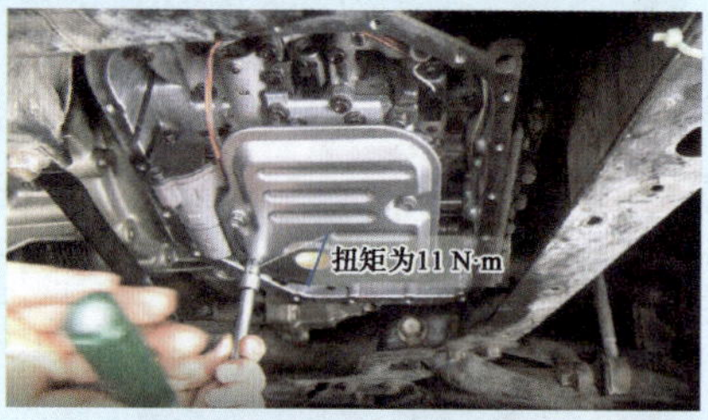	在新的过滤器密封圈上涂抹________________后将其安装至滤油网上，用 3 个螺栓紧固，扭矩为 11 N · m
14		将新的油底壳密封垫安装至油底壳

续表

序号	图示	步骤及技术要点
15	扭矩为7.8 N·m	将自动变速器油底壳对准螺栓安装孔，按照对角线顺序将19个螺栓逐步紧固，扭矩为7.8 N·m。自动变速器螺栓紧固步骤遵循______________
16	扭矩为49N·m	安装新的油底壳放油螺塞和垫圈，扭矩为49 N·m。放油螺塞拆卸后，需连同________一起更换，防止放油口渗油 注意：安装完毕应用化油器清洗剂清洁自动变速器表面油污
17		回收车内四件套、车轮挡块，并按照“5S”要求恢复场地

任务评价

项目	作业内容	评价要点	配分	评价
准备工作	场地准备	工位应干净、整洁，地面无油污	1	☐
		车辆停靠在举升机合适位置	1	☐
	车辆防护	铺设翼子板及前格栅布	2	☐
		铺设车内四件套	2	☐
	人员防护	工作服穿戴整齐	2	☐
		拆装操作时应佩戴棉纱手套	2	☐
	检查工作	检查工具车内工具是否齐全且摆放整齐	5	☐

续表

<table>
<tr><th>项目</th><th>作业内容</th><th>评价要点</th><th>配分</th><th>评价</th></tr>
<tr><td rowspan="10">操作</td><td rowspan="6">操作要点</td><td>能用抹布清洁自动变速器油底壳及放油螺塞等部位</td><td>5</td><td>□</td></tr>
<tr><td>能根据油液颜色辨别其品质</td><td>8</td><td>□</td></tr>
<tr><td>能用内六角套筒工具拆卸放油螺塞，排出自动变速器油，并拆下油底壳</td><td>9</td><td>□</td></tr>
<tr><td>能拆下变速器过滤器总成并清洁油底壳等部件</td><td>8</td><td>□</td></tr>
<tr><td>能更换油底壳密封垫并按要求安装油底壳</td><td>10</td><td>□</td></tr>
<tr><td>能按照标准力矩拧紧放油螺塞</td><td>10</td><td>□</td></tr>
<tr><td rowspan="4">技术规范</td><td>能查阅资料说出自动变速器油变质的现象和原因</td><td>5</td><td>□</td></tr>
<tr><td>能避免皮肤过多接触可能含有有毒污染物的油液</td><td>5</td><td>□</td></tr>
<tr><td>能查阅维修手册说出油底壳螺栓的拧紧力矩</td><td>5</td><td>□</td></tr>
<tr><td>能掌握更换完毕清洁各零部件的目的</td><td>5</td><td>□</td></tr>
<tr><td rowspan="4">职业素养</td><td rowspan="2">安全及合作</td><td>特殊操作应佩戴安全帽、防酸碱手套或绝缘手套、护目镜等防护用品</td><td>5</td><td>□</td></tr>
<tr><td>小组作业时应互相配合、合理分工，不可发生争执</td><td>5</td><td>□</td></tr>
<tr><td rowspan="2">“5S”管理</td><td>注意安全操作，不可随意放置工具、量具且不应有其他安全隐患</td><td>3</td><td>□</td></tr>
<tr><td>地上有油污时应及时擦掉，废弃物应环保处理</td><td>2</td><td>□</td></tr>
<tr><td colspan="3">总评分</td><td colspan="2"></td></tr>
</table>

任务二十三 机器加注自动变速器油

学习目标

1. 能说出自动变速器油液的加注条件。
2. 能说出自动变速器油液过少对自动变速器的危害。
3. 能说出使用自动变速器换油机的注意事项。
4. 能独立完成自动变速器换油机加注自动变速器油液。

任务描述

一辆丰田卡罗拉 1.6 L 轿车进店维护，客户反映车辆已经使用超过 3 年多，车辆在行驶过程中，加速时有发动机空转的声音，但车子速度没有提升，经检查发现是自动变速器油液不足，本任务的主要内容是机器加注自动变速器油。

问题 1：什么情况下需要加注自动变速器油？

____

____

问题 2：自动变速器换油机通过什么方式供电？

____

____

相关知识

如果自动变速器油液面过高，行驶中旋转件会接触到油液，在高速旋转的行星齿轮机构或离合器的搅拌下，会引起油液膨胀、沸腾，从加油孔和放气阀向外漏油；还会导致空气侵入油液，引起控制阀体上排油孔产生气堵，造成排油不畅，导致换挡冲击。自动变速器油液缺少或液面过低，制动器、离合器摩擦部件会打滑，严重时将导致自动变速器不能自动换挡。因此，自动变速器油量应保持在正常范围内，油液过少应添加新油，油液过多必须回收一部分油液，维修好的自动变速器也需要添加新油。

任务准备

1. 工具器材

操作前需要准备以下设备、工具及辅助材料等（以单工位为例）。

设备、 工具及辅助材料

序号	名称	规格	数量
1	丰田卡罗拉轿车	1.6 L	1
2	自动变速器换油机	ATF-9900	1
3	工具车及配套工具	JTC 三层	1
4	自动变速器油	1 L	10
5	化油器清洗剂	450 mL	1
6	零件车	/	1
7	棉纱手套	/	2

2. 小组分工

职务	代码	姓名	工作内容
组长	A		
组员	B		
	C		
	D		
	E		

任务实施

序号	图示	步骤及技术要点
1		打开发动机引擎盖，铺设翼子板、前格栅布和车内四件套

续表

序号	图示	步骤及技术要点
2	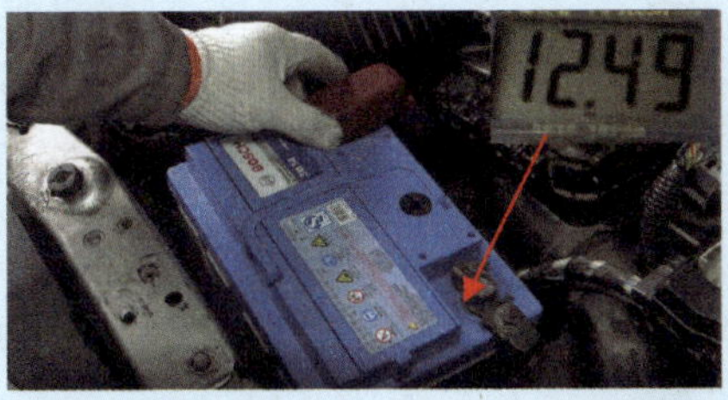	在机器回收自动变速器油液时，确保蓄电池电压正常，蓄电池电压应高于______V
3	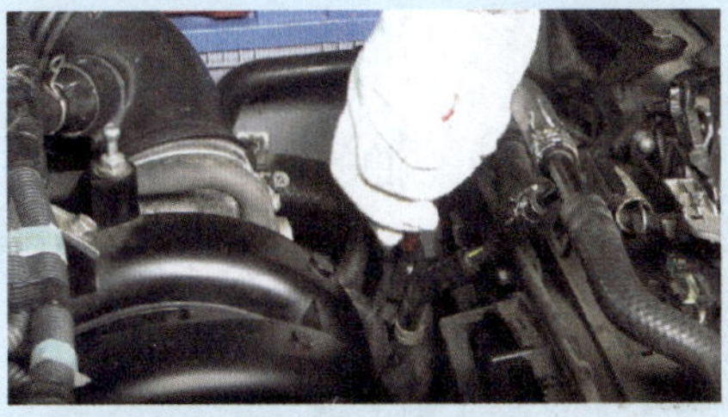	用鲤鱼钳松开自动变速器与散热器间油管上的卡箍，拔下油管
4	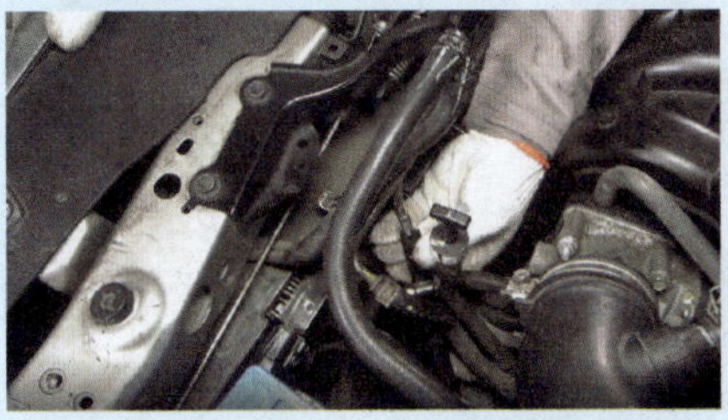	将专用接头连接至自动变速器和散热器油管
5		将自动变速器换油机的两根油管与油管接头相连。ATF-9900 换油机不需要区分油路流向，有些自动变速器换油机的油管连接到汽车上时要考虑油路流向
6		将设备电源线连接至汽车蓄电池，____色夹钳连接蓄电池正极，____色夹钳连接蓄电池负极。ATF-9900 换油机连接电源时不需要区分电源正负极
7	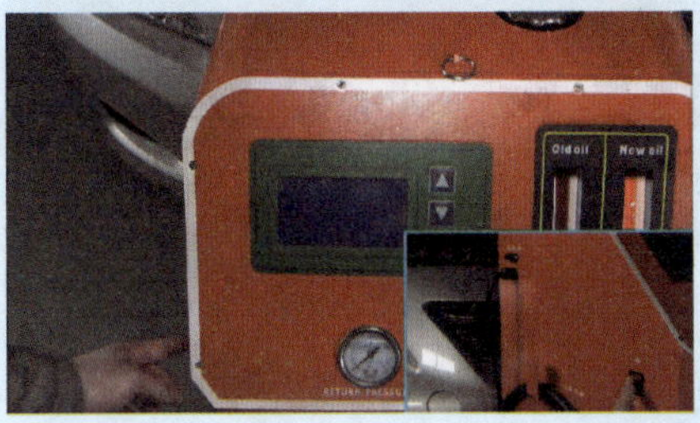	打开换油机电源开关，检查设备是否正常

续表

序号	图示	步骤及技术要点
8		打开换油机盖板，旋下加油口盖，向自动变速器换油机内加入适合该车型的自动变速器油，一般需要给换油机添加__________L 的油液
9	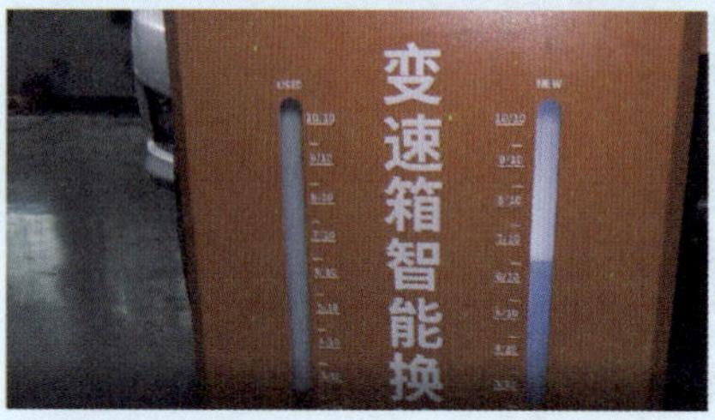	可以通过换油机下方的新油桶观察新油的加注量，或按下“OK”键，进入功能菜单选择界面，查看新油桶和旧油桶的剩余油量
10	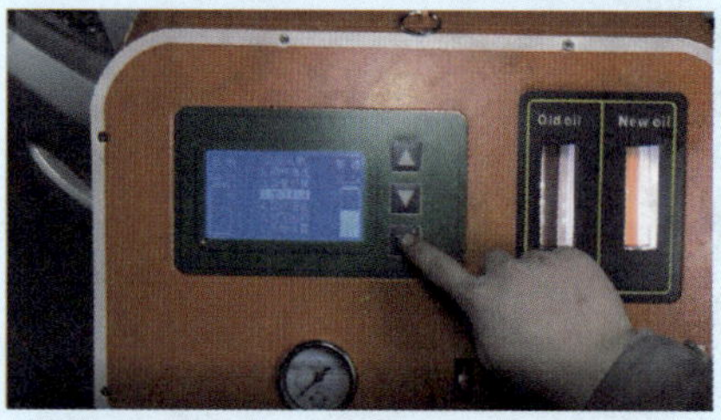	在“功能菜单”界面，通过“上/下”键，选择“加注新油”，按“OK”键，进入“加注新油”界面
11	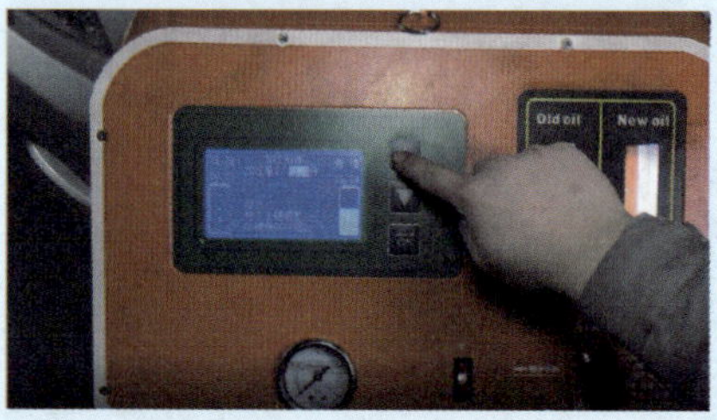	在“加注新油”界面，通过“上/下”键，选择“开始”，按“OK”键，机器开始加注新油，此时能观察到换油机的新油在减少
12	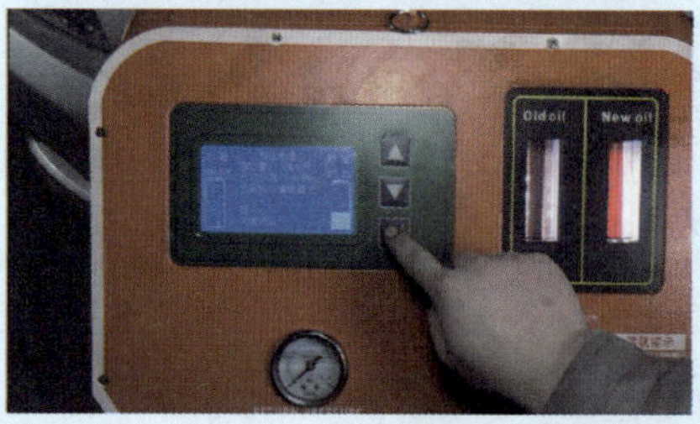	新油加注结束，按“OK”键，返回到“加注新油”界面。通过“上/下”键，选择“返回”，按“OK”键，返回到“功能菜单”界面
13		拔出自动变速器机油尺并将其擦干净，再将机油尺完全推回到油管中，检查液位是否在“COOL”范围内

续表

序号	图示	步骤及技术要点
14		断开机器与管路连接，并用化油器清洗剂清洁管路接头外溢出的油液，回收车内四件套、车轮挡块，并按照“5S”要求恢复场地

任务评价

项目	作业内容	评价要点	配分	评价
准备工作	场地准备	工位应干净、整洁，地面无油污	1	□
		车辆停靠在合适位置	1	□
	车辆防护	铺设翼子板及前格栅布	2	□
		铺设车内四件套	2	□
	人员防护	工作服穿戴整齐	2	□
		操作时应佩戴棉纱手套	2	□
	检查工作	检查工具车内工具是否齐全且摆放整齐	5	□
操作	操作要点	能用抹布清洁自动变速器管路及周围部件	5	□
		能正确连接换油机电源并添加自动变速器油	8	□
		能找到自动变速器散热油管并连接至换油机管路上	9	□
		能操作换油机界面设置“加注新油”“加注量”等功能信息	8	□
		能观察油液加注情况并及时检查自动变速器油液面	10	□
		能回收设备管路并做好车辆恢复、清洁等工作	10	□
	技术规范	能查阅资料掌握换油机加注功能	5	□
		掌握用电压法初步判断蓄电池电量的方法	5	□
		能查阅维修手册找到自动变速器散热油管接头	5	□
		掌握检查自动变速器油液面的方法	5	□
职业素养	安全及合作	特殊操作应佩戴安全帽、防酸碱手套或绝缘手套、护目镜等防护用品	5	□
		小组作业时应互相配合、合理分工，不可发生争执	5	□
	“5S”管理	注意安全操作，不可随意放置工具、量具且不应有其他安全隐患	3	□
		地上有油污时应及时擦掉，废弃物应环保处理	2	□
总评分				

任务二十四 机器回收自动变速器油

学习目标

1. 能说出自动变速器油的回收条件。
2. 能说出自动变速器油液过多对自动变速器的危害。
3. 能说出使用自动变速器换油机的注意事项。
4. 能独立完成自动变速器换油机回收自动变速器油液。

任务描述

一辆丰田卡罗拉1.6 L轿车在更换自动变速器油液后试车出现换挡冲击现象，检查发现是自动变速器油液加注过多，应回收部分自动变速器油，本任务的主要内容是用自动变速器换油机回收自动变速器油。

问题：在什么情况下需要回收汽车自动变速器油？回收时应注意什么？

____

____

任务准备

1. 工具器材

操作前需要准备以下设备、工具及辅助材料等（以单工位为例）。

设备、 工具及辅助材料

序号	名称	规格	数量
1	丰田卡罗拉轿车	1.6 L	1
2	自动变速器换油机	ATF-9900	1
3	工具车及配套工具	JTC 三层	1
4	化油器清洗剂	450 mL	1
5	零件车	/	1
6	棉纱手套	/	2

2. 小组分工

职务	代码	姓名	工作内容
组长	A		
组员	B		
	C		
	D		
	E		

任务实施

序号	图示	步骤及技术要点
1		打开发动机引擎盖， 铺设翼子板、前格栅布和车内四件套
2		在机器回收自动变速器油液时， 确保蓄电池电压正常， 蓄电池电压应高于________V

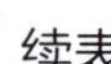

续表

序号	图示	步骤及技术要点
3		自动变速器油液面高于“COOL”范围，在换油机“功能菜单”界面选择“回收旧油”，按“OK”键，进入“____________”界面。用自动变速器换油机回收旧油时，需提前连接好自动变速器与换油机间的油管
4		在“回收旧油”界面选择“回收量”，通过“上/下”键，输入合适的回收量，按“OK”键，返回“回收旧油”界面
5		在“回收旧油”界面选择“开始”，按“OK”键，机器开始回收自动变速器油，此时能观察到换油机的旧油增多。回收旧油和__________新油时，需要启动发动机，否则设备会提示“出错了”
6		回收结束，按“OK”键，返回“回收旧油”界面，通过“上/下”键，选择“返回”，按“OK”键，返回“功能菜单”主界面。如果自动变速器油液面低于“COOL”范围，可通过换油机继续加注新油

续表

序号	图示	步骤及技术要点
7		断开机器与管路的连接，并用化油器清洗剂清洁管路接头外溢出的油液，回收车内四件套、车轮挡块，并按照“5S”要求恢复场地

任务评价

项目	作业内容	评价要点	配分	评价
准备工作	场地准备	工位应干净、整洁，地面无油污	1	□
		车辆停靠在合适位置	1	□
	车辆防护	铺设翼子板及前格栅布	2	□
		铺设车内四件套	2	□
	人员防护	工作服应穿戴整齐	2	□
		操作时应佩戴棉纱手套	2	□
	检查工作	检查工具车内工具应齐全且摆放整齐	5	□
操作	操作要点	能用抹布清洁自动变速器管路及周围部件	5	□
		能检查换油机旧油桶内的油量	8	□
		能找到自动变速器散热油管并连接至换油机管路上	9	□
		能操作换油机界面设置“回收旧油”“回收量”等功能信息	8	□
		能观察油液回收情况并及时检查自动变速器油液面	10	□
		能回收设备管路并做好车辆恢复、清洁等工作	10	□
	技术规范	能查阅资料掌握换油机回收的功能与作用	5	□
		掌握用电压法初步判断蓄电池电量的方法	5	□
		能查阅维修手册找到自动变速器散热油管接头	5	□
		掌握检查自动变速器油液面的方法	5	□
职业素养	安全及合作	特殊操作应佩戴安全帽、防酸碱手套或绝缘手套、护目镜等防护用品	5	□
		小组作业时应互相配合、合理分工，不可发生争执	5	□
	“5S”管理	注意安全操作，不可随意放置工具、量具且不应有其他安全隐患	3	□
		地上有油污时应及时擦掉，废弃物应环保处理	2	□
总评分				

任务二十五 用机器等量交换自动变速器油

学习目标

1. 能掌握自动变速器油等量交换的条件。
2. 能判断用换油机换油是否成功。
3. 能说出使用自动变速器换油机的注意事项。
4. 能用换油机等量交换自动变速器油液。

任务描述

一辆丰田卡罗拉1.6 L轿车进店维护，客户反映车辆已经使用超过4年，行驶总里程60 000 km，按照要求需要更换自动变速器油，本任务的主要内容是用机器等量交换的方法完成换油任务。

问题1：换油过程中为什么要操作换挡杆在各个挡位停留1 min？

____

____

问题2：为保证更换质量，设备内的新油应比变速器总油量至少多多少？

____

____

相关知识

自动变速器换油通常有重力换油法和等量换油法两种。采用重力换油法时，旧的自动变速器油只能被放出50%左右，剩下约50%的旧油则残留储存在复杂的阀体、液力变矩器、内部管路和特殊形状的油底壳等之中。为减少旧油的残余量，避免新油加注后的二次污染影响系统的工作性能，目前普遍采用等量换油法。等量换油法能够使变速器内残留的油液以管路循环的方式完成更换，有效地提高了汽车自动变速器的可靠性和使用寿命。这种方法的优点是换油更彻底、干净；缺点是需要用比自动变速器标准加油量更多的油液，比传统的重力换油法更费油。

任务准备

1. 工具器材

操作前需要准备以下设备、工具及辅助材料等（以单工位为例）。

设备、 工具及辅助材料

序号	名称	规格	数量
1	丰田卡罗拉轿车	1. 6 L	1
2	举升机	剪式	1
3	自动变速器换油机	ATF-9900	1
4	工具车及配套工具	JTC 三层	1
5	自动变速器油	1 L	10
6	化油器清洗剂	450 mL	1
7	零件车	/	1
8	棉纱手套	/	2

2. 小组分工

职务	代码	姓名	工作内容
组长	A		
组员	B		
	C		
	D		
	E		

任务实施

序号	图示	步骤及技术要点
1		打开发动机引擎盖，铺设翼子板、前格栅布和车内四件套

续表

序号	图示	步骤及技术要点
2		向自动变速器换油机加入合适的油液后，启动发动机，检查连接管路有无漏油现象。预热发动机和自动变速器，使变速器油温达到正常工作温度
3		举升车辆，锁止举升机自锁装置 注意：车辆举升到车轮离地，举升机自锁装置锁止即可，防止举升太高拉坏换油机的油管和电源线
4	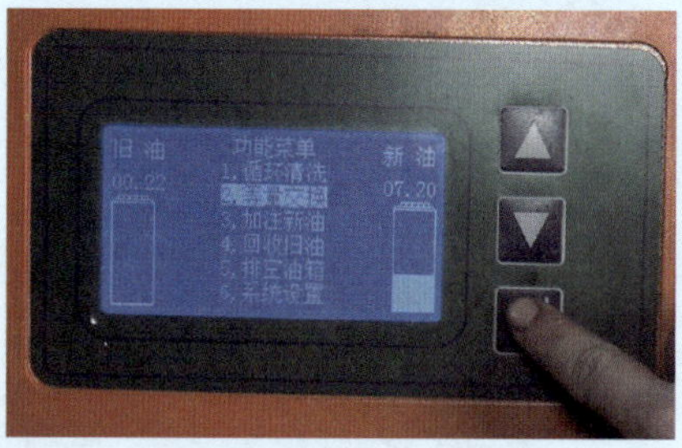	在换油机“功能菜单”主界面，通过“上/下”键选择“等量交换”，按“OK”键，进入“等量交换”界面
5	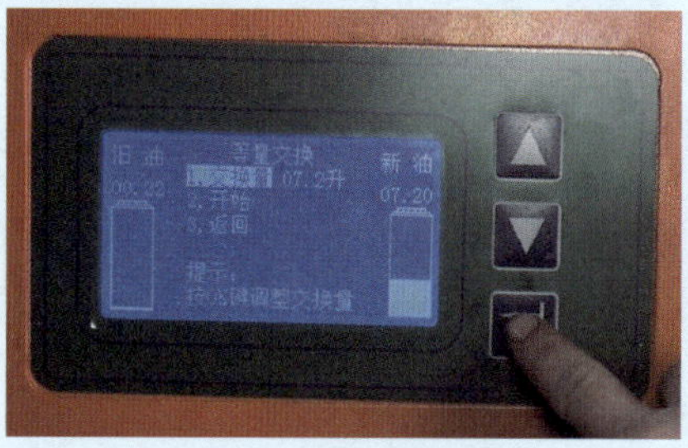	在“等量交换”界面选择“交换量”，按“OK”键，进入“交换量”设置界面，通过“上/下”键输入合适的交换量，按“OK”键，返回“等量交换”界面 注意：为保证更换质量，设备内的新油应比变速器总油量多________L
6	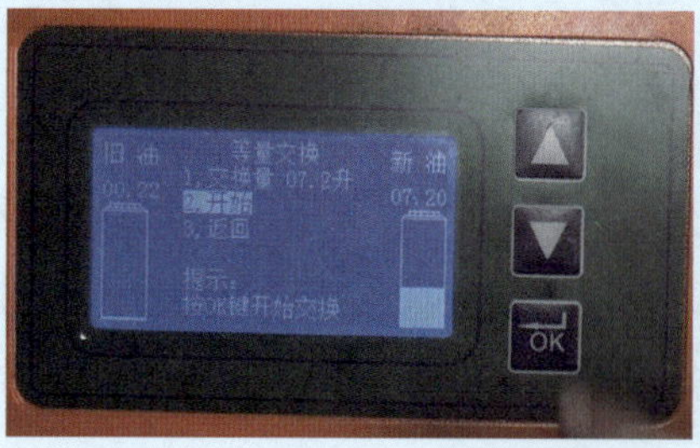	在“等量交换”界面，通过“上/下”键选择“开始”，按“OK”键，进行等量换油

续表

序号	图示	步骤及技术要点
7		更换自动变速器油时应________________，每次换挡停留约 1 min。高速挡工作时，踩下加速踏板使车速达到______km/h 以上 注意：1. 观察汽车 ABS 故障灯亮起为正常现象。换油后，清除故障码 2. 车轮未完全停转时，不得挂入__________和________，以免损坏变速器
8		通过换油机右侧观察窗口会发现，新油的不断加注以及旧油的不断回收，使得两种油的颜色越来越接近。换油时切勿按“停止”键中断换油，以免造成______________
9	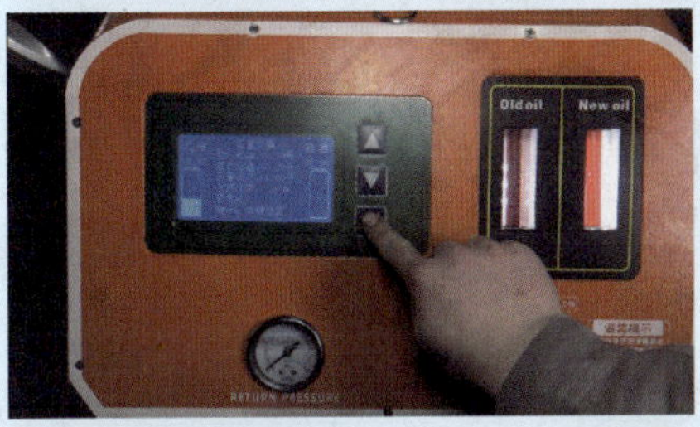	换油结束，按“OK”键，返回“等量交换”界面，通过“上/下”键选择“返回”，按“OK”键，返回“功能菜单”主界面
10	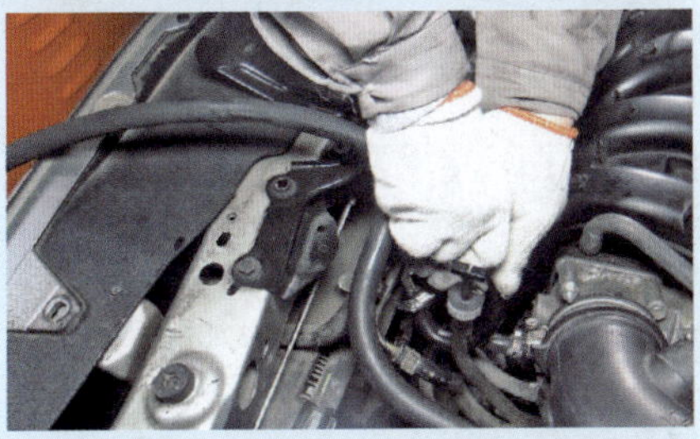	断开设备与汽车之间油管，恢复并连接自动变速器与散热器的油管，用化油器清洗剂清洁管路接头处溢出的油液
11		启动发动机，检查自动变速器管路是否漏油

续表

序号	图示	步骤及技术要点
12		使变速器油温达到正常工作温度__________℃，踩住制动踏板，将换挡手柄依次推入所有挡位，在每挡停留片刻，最后将手柄推至 P 挡
13		拔出变速器油尺，用干净的纸或抹布将其擦拭干净后放回套管
14	如果热态，则为正常 如果冷态，则加注 COOL HOT	再次拔出油尺检查油液面位置是否在“HOT”范围内 注意：如果液面高度不在范围内，应执行回收或添加功能
15		回收车内四件套、车轮挡块，并按照“5S”要求恢复场地

任务评价

项目	作业内容	评价要点	配分	评价
准备工作	场地准备	工位应干净、整洁，地面无油污	1	□
		车辆停靠在举升机合适位置	1	□
	车辆防护	铺设翼子板及前格栅布	2	□
		铺设车内四件套	2	□
	人员防护	工作服穿戴整齐	2	□
		操作时应佩戴棉纱手套	2	□
	检查工作	检查工具车内工具应齐全且摆放整齐	2	□
		检查自动变速器换油机管路、压力表等部件是否完好	3	□

续表

项目	作业内容	评价要点	配分	评价
操作	操作要点	能用抹布清洁自动变速器管路及周围部件	5	□
		能正确连接换油机电源并能添加自动变速器油	8	□
		能找到自动变速器散热油管并连接至换油机管路上	9	□
		能操作换油机界面设置“等量交换”“交换量”等功能信息	8	□
		能观察换油情况并能检查自动变速器油的液面	10	□
		能回收设备管路，并做好车辆恢复、清洁等工作	10	□
	技术规范	能查阅资料掌握换油机等量交换功能的作用	5	□
		能掌握换油中和换油后操作换挡杆在各挡位停留片刻的原因	5	□
		能查阅维修手册找到自动变速器与散热器油管	5	□
		能掌握检查自动变速器油液面的方法	5	□
职业素养	安全及合作	特殊操作应佩戴安全帽、防酸碱手套或绝缘手套、护目镜等防护用品	5	□
		小组作业时应互相配合、合理分工，不可发生争执	5	□
	“5S”管理	注意安全操作，不可随意放置工具、量具且不应有其他安全隐患	3	□
		地上有油污时应及时擦掉，废弃物应环保处理	2	□
总评分				

任务二十六 排空自动变速器换油机中的旧油

学习目标

1. 能掌握排空自动变速器换油机旧油的条件。
2. 能独立排空自动变速器换油机中的旧油。

任务描述

一辆丰田卡罗拉1.6 L轿车进店维护，该车行驶里程达70 000 km，客户要求更换自动变速器油液。利用机器更换自动变速器油前需要先排空自动变速器换油机中的旧油，本任务的主要内容是排空自动变速器换油机中的旧油。

问题：为什么排空旧油后需要将工作切换阀再次切换到“正常工作”位置？

____

____

任务准备

1. 工具器材

操作前需要准备以下设备、工具及辅助材料等（以单工位为例）。

设备、工具及辅助材料

序号	名称	规格	数量
1	自动变速器换油机	ATF-9900	1
2	废油桶	200 L	1
3	工具车及配套工具	JTC 三层	1
4	零件车	/	1
5	棉纱手套	/	2

2. 小组分工

职务	代码	姓名	工作内容
组长	A		
组员	B		
	C		
	D		
	E		

任务实施

序号	图示	步骤及技术要点
1	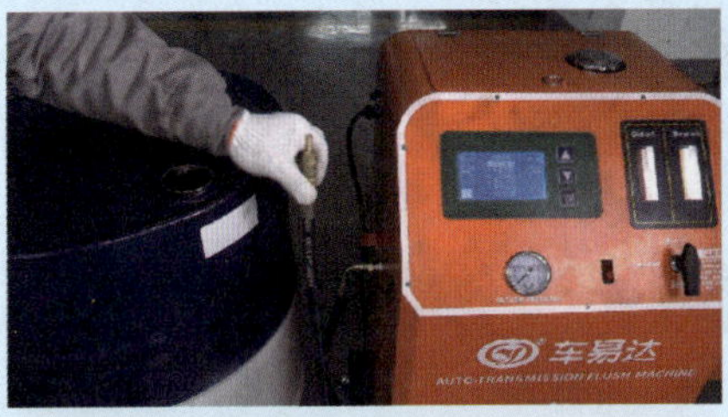	准备一个存放废油的桶放在自动变速器换油机旁边
2	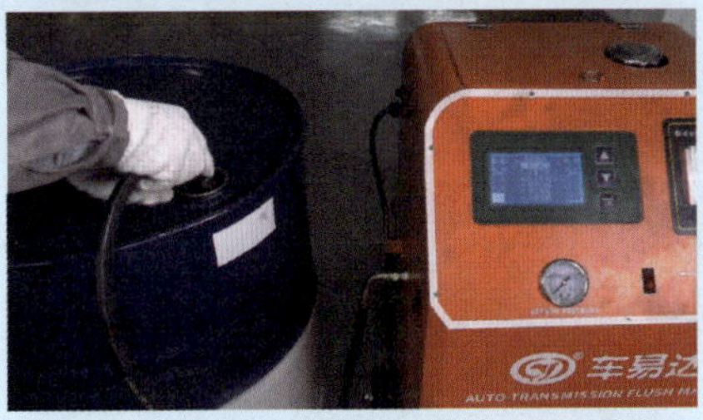	打开排油管阀门，将换油机的排油管插入废油桶
3	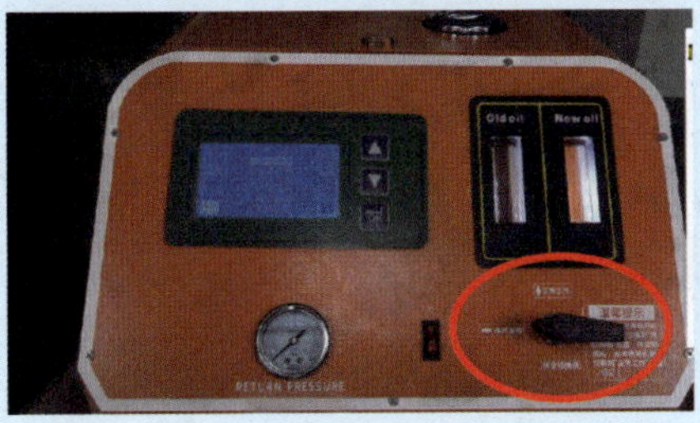	将工作切换阀切换到“____________”位置 注意：旧油排放结束，必须将工作切换阀切换到“____________”位置

续表

序号	图示	步骤及技术要点
4		在“功能菜单”主界面，通过“上/下”键选择“排空油箱”，按“OK”键，进入“排空油箱”界面
5		在“排空油箱”界面选择“设备旧油箱”，按“OK”键，进入排空油箱警告界面，再次按“OK”键，开始将设备的旧油排除到废油桶 注意：必须断开设备与汽车间油管，以免将汽车变速器油一起排出
6	“正常工作”位置	旧油排放结束，将工作切换阀切换到“正常工作”位置。关闭设备电源，并按照“5S”要求恢复场地

任务评价

项目	作业内容	评价要点	配分	评价
准备工作	场地准备	工位应干净、整洁，地面无油污	2	□
	设备防护	摆放隔离栏	2	□
		摆放施工作业指示牌	2	□
	人员防护	工作服穿戴整齐	2	□
		操作时应佩戴棉纱手套	2	□
	检查工作	检查工具车内工具应齐全且摆放整齐	2	□
		检查换油机管路、压力表等部件是否完好	3	□

续表

项目	作业内容	评价要点	配分	评价
操作	操作要点	能清洁排油管阀门和废油桶表面，并能将排油管插入废油桶中	5	□
		能正确调整换油机工作切换阀	8	□
		能在换油机“功能菜单”界面选择“排空油箱”界面	9	□
		能在“排空油箱”界面选择“设备旧油箱”	8	□
		能正确将设备旧油排空到废油桶	10	□
		能用抹布及化油器清洗剂清洁周围残留的自动变速器油液	10	□
	技术规范	知道旧油排空后应将工作切换阀切换到正常工作位置	5	□
		能严格按照技术规范断开设备与汽车间油管	5	□
		了解不同换油机排空旧油的方法不同	5	□
		能按照环保要求处理好废油，不得随意倾倒	5	□
职业素养	安全及合作	特殊操作应佩戴安全帽、防酸碱手套或绝缘手套、护目镜等防护用品	5	□
		小组作业时应互相配合、合理分工，不可发生争执	5	□
	“5S”管理	注意安全操作，不可随意放置工具、量具且不应有其他安全隐患	3	□
		地上有油污时应及时擦掉，废弃物应环保处理	2	□
总评分				

任务二十七 空调自动控制系统面板的操作

学习目标

1. 能操作汽车空调自动控制系统面板上的主要按键。
2. 能说出汽车空调自动控制系统面板上各按键的功能。
3. 能正确操作空调自动控制系统面板上的各按键完成空调设置。
4. 能说出汽车空调在运行各工作模式时车内温度与风速的变化。

任务描述

一辆丰田卡罗拉1.6 L轿车空调系统工作不正常，客户反映天气特别热时，车辆空调效果不好，且下雨天不能有效去除前风窗玻璃上的雾气，应对该车辆空调自动控制系统进行全面检查，本任务的主要内容是操作空调自动控制系统面板。

问题1：汽车空调自动控制系统面板上通常有哪几个功能键？

____

____

问题2：汽车空调自动控制系统在哪些情况下需要操作面板完成检查工作？

____

____

相关知识

汽车空调自动控制系统的调节功能包括车内温度和湿度自动调节、回风和送风模式自动调节以及运转方式和换气量控制等。汽车空调电控单元能根据各种传感器输入的信号，及时调整送风温度和送风速度，使车内的空气环境保持最佳状态，还可以根据气候变化选择送风口，改变车内的温度分布。

任务准备

1. 工具器材

操作前需要准备以下设备、工具及辅助材料等（以单工位为例）。

设备、工具及辅助材料

序号	名称	规格	数量
1	丰田卡罗拉轿车	1.6 L	1
2	工具车及配套工具	JTC 三层	1
3	零件车	/	1
4	棉纱手套	/	2

2. 小组分工

职务	代码	姓名	工作内容
组长	A		
组员	B		
	C		
	D		
	E		

任务实施

序号	图示	步骤及技术要点
1		打开发动机引擎盖，铺设翼子板、前格栅布和车内四件套

续表

序号	图示	步骤及技术要点
2		打开点火开关，启动发动机 注意：检查空调系统必须使发动机处于运转状态
3		按下“风速调节升高”键，空调出风口有风吹出；按下“风速调节降低”键，降低出风口风速，显示屏显示风扇转速
4		按下“OFF”键，关闭鼓风机或空调
5		按下“内外循环”键，汽车空调能正常实现车内外空气循环的转换。“内外循环”键指示灯点亮表示此时是______，指示灯熄灭表示此时是______ 注意：如果长时间使用内循环空气模式，车窗极易起雾
6	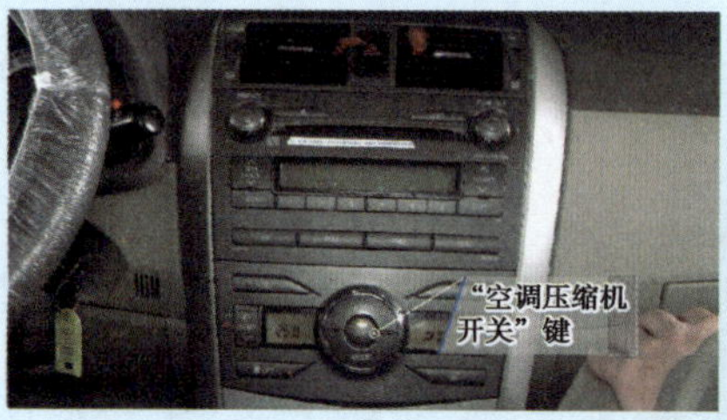	按下“空调压缩机开关”键。如果空调压缩机开关指示灯点亮，表示______。再次按下此键，空调压缩机指示灯熄灭，压缩机停止工作 注意：1. 当车外温度接近 0 ℃时，即使按下“空调压缩机开关”键，压缩机也可能不运行 2. 不打开______，压缩机不运行

续表

序号	图示	步骤及技术要点
7		按下“温度升高”键，可以调高出风口温度；按下“温度降低”键，可以调低出风口温度
8	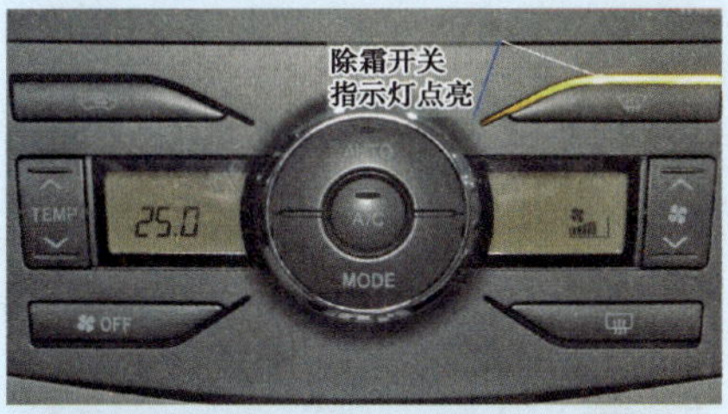 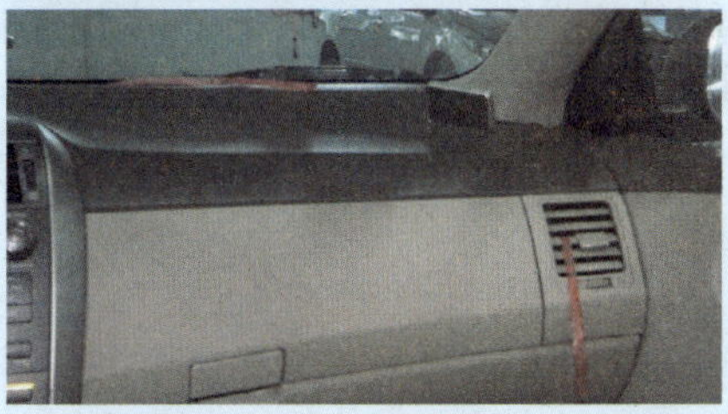	按下“前风窗除霜开关”键。前风窗除霜开关指示灯点亮，前风窗玻璃______出风口和______出风口出风，对前风窗玻璃和侧窗除霜
9	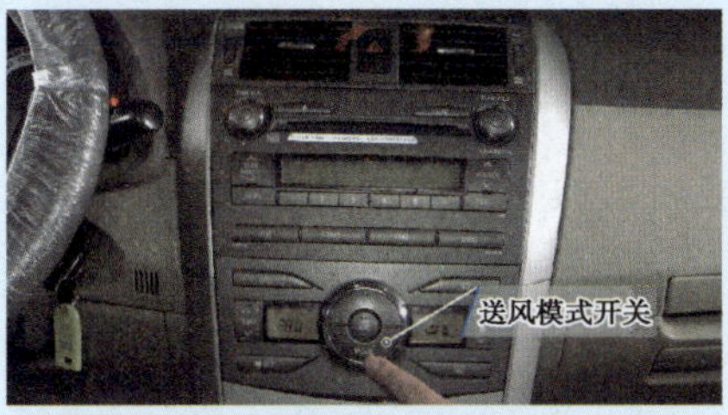	按下“送风模式开关”键，即可切换出风口，显示屏显示气流指示标志。表示气流吹__________；表示气流吹向______且______运行
10	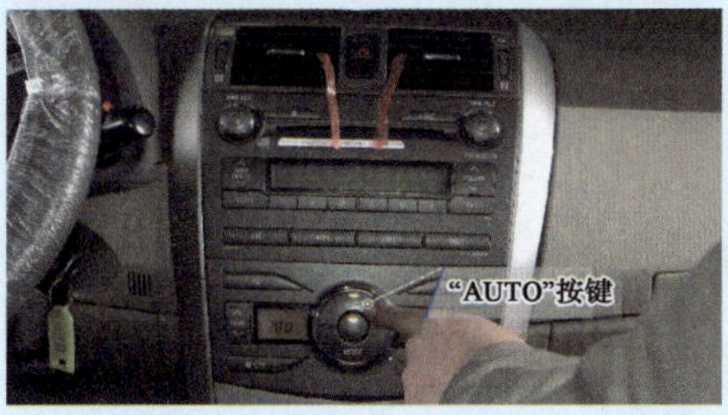	按下“AUTO”键，“AUTO”指示灯点亮，空调系统将开始工作。在“AUTO”模式下，空调系统根据______________等信息自动控制出风口温度与风速
11	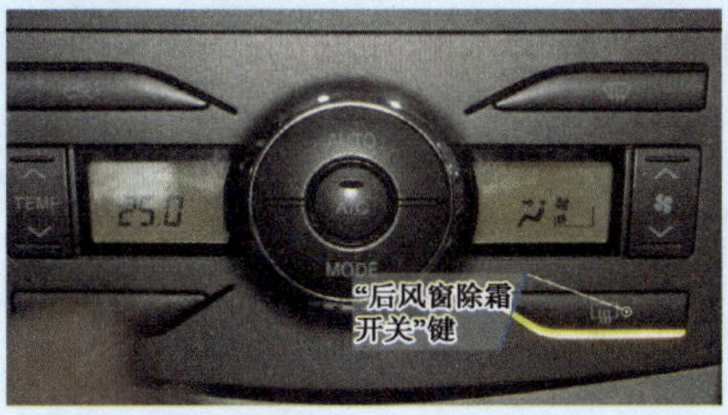	按下“后风窗除霜开关”键，后风窗除霜开关指示灯点亮，后车窗除雾器工作，对后车窗除霜

续表

序号	图示	步骤及技术要点
12		可以调节出风口吹向左侧或右侧、上侧或下侧，可以通过转动旋钮关闭或打开出风口。测试完毕，关闭空调和发动机，按照“5S”要求恢复场地

任务评价

项目	作业内容	评价要点	配分	评价
准备工作	场地准备	工位应干净、整洁，地面无油污	1	□
		车辆停靠在合适位置	1	□
	车辆防护	铺设翼子板及前格栅布	2	□
		铺设车内四件套	2	□
	人员防护	工作服穿戴整齐	2	□
		操作时应佩戴棉纱手套	2	□
	检查工作	检查工具车内工具是否齐全且摆放整齐	5	□
操作	操作要点	能检查鼓风机风扇开关、调节风速按键及车内空气分配模式开关	5	□
		能认识并检查空调压缩机开关	8	□
		能检查前风窗除霜开关	9	□
		能检查送风模式开关	8	□
		能检查自动模式开关及后风窗除霜开关	10	□
		能调节出风口位置以及打开或关闭出风口	10	□
	技术规范	理解内外循环模式的进风方式及作用	5	□
		知道 A/C 是空调压缩机开关，通过电磁开关可以关闭和打开压缩机	5	□
		掌握不同送风模式下，各出风口的方向	5	□
		理解自动模式下，空调可根据哪些因素调节温度和风速	5	□

续表

项目	作业内容	评价要点	配分	评价
职业素养	安全及合作	特殊操作应佩戴安全帽、防酸碱手套或绝缘手套、护目镜等防护用品	5	□
		小组作业时应互相配合、合理分工，不可发生争执	5	□
	“5S”管理	注意安全操作，不可随意放置工具、量具且不应有其他安全隐患	3	□
		地上有油污时应及时擦掉，废弃物应环保处理	2	□
总评分				

任务二十八 用测试灯检查熔断器

学习目标

1. 能说出汽车上熔断器的种类与作用。
2. 能掌握不同车型上常规熔断器的位置。
3. 能正确使用测试灯检测熔断器。

任务描述

一辆大众朗逸 1.4 T 轿车进店检修，客户反映车辆雨刮在工作中突然停止，关闭再打开后无任何反应，可能是雨刮电路熔断器损坏，本任务的主要内容是用测试灯检查熔断器。

问题 1：简述用测试灯检查熔断器的原理。

____

____

问题 2：汽车上熔断器的作用是什么？熔断器一般都分布在汽车的什么位置？

____

____

相关知识

当电路发生故障或异常时，随着电流不断升高，升高的电流有可能损坏电路中的某些重要器件或贵重器件，也有可能烧毁电路甚至造成火灾。若电路中正确安置了熔断器，熔断器会在电流异常升高到一定程度时，自身熔断以切断电流，从而起到保护电路安全运行的作用。

汽车在使用过程中，若有电气设备不工作，则可能是熔断器烧毁导致，需及时更换。更换熔断器时，首先要关闭点火开关，打开熔断器盒盖，再更换保险丝。要特别注意应按照熔断器盒盖上注明的额定电流值更换，不可改用比额定电流高的熔断器。更换完成后，若新熔断器又立即熔断，说明电路系统可能存在故障，应尽快检修。

任务准备

1. 工具器材

操作前需要准备以下设备、工具及辅助材料等（以单工位为例）。

设备、 工具及辅助材料

序号	名称	规格	数量
1	大众朗逸轿车	1. 4 T	1
2	普通测试灯	12 V/5 W 普通灯泡	1
3	撬板工具	塑料通用型	1
4	工具车及配套工具	JTC 三层	1
5	零件车	/	1
6	棉纱手套	/	2

2. 小组分工

职务	代码	姓名	工作内容
组长	A		
组员	B		
	C		
	D		
	E		

任务实施

序号	图示	步骤及技术要点
1		打开发动机引擎盖， 铺设翼子板、前格栅布和车内四件套

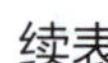
续表

序号	图示	步骤及技术要点
2		用大拇指和食指按住熔断器盒两端，分离两个卡爪，打开发动机舱内熔断器盒 注意：分离熔断器盒卡爪时需沿熔断器盒拿出方向拔出，防止损坏熔断器盒，拆下的熔断器盒应整齐摆放在零件车内
3		用撬板工具逐步撬开仪表台左侧熔断器盖卡爪，露出并取下熔断器 注意：拆卸时应逐步撬开每个卡爪，防止卡爪断裂，拆下的左侧熔断器盖应整齐摆放在零件车内
4		打开点火开关，使待检熔断器通电 注意：近光灯、远光灯等电气设备的熔断器需要________相关用电设备开关才会通电
5		将测试灯的鳄鱼钳夹在蓄电池________或车身搭铁点上
6		将测试灯笔尖与熔断器背面任意一端检测点接触，观察测试灯灯泡是否点亮

续表

序号	图示	步骤及技术要点
7		将测试灯笔尖与熔断器背面另一端检测点接触，观察灯泡是否点亮。如果测试灯在两个检测点都点亮，说明熔断器________；如果测试灯只在一个检测点点亮，说明熔断器________；如果测试灯在两个检测点都不点亮，熔断器可能____________，需打开其所在电路的用电设备开关

任务评价

项目	作业内容	评价要点	配分	评价
准备工作	场地准备	工位应干净、整洁，地面无油污	1	□
		车辆停靠在合适位置	1	□
	车辆防护	铺设翼子板及前格栅布	2	□
		铺设车内四件套	2	□
	人员防护	工作服穿戴整齐	2	□
		操作时应佩戴棉纱手套	2	□
	检查工作	检查工具车内工具是否齐全且摆放整齐	2	□
		检查测试灯灯泡是否正常	3	□
操作	操作要点	能用撬板工具撬开仪表台内熔断器盒	5	□
		能打开点火开关并完成电路通电	8	□
		能操作部分电气设备的开关使熔断器通电	9	□
		能将测试灯的鳄鱼钳夹在蓄电池负极或车身搭铁点上	8	□
		能将测试灯笔尖与熔断器背面任意一端检测点接触，观察测试灯灯泡是否点亮	10	□
		能将测试灯笔尖与熔断器背面另一端检测点接触，观察灯泡是否点亮	10	□

续表

<table>
<tr><th>项目</th><th>作业内容</th><th>评价要点</th><th>配分</th><th>评价</th></tr>
<tr><td rowspan="4">操作</td><td rowspan="4">技术规范</td><td>掌握拆卸熔断器盒的注意事项</td><td>5</td><td>□</td></tr>
<tr><td>理解部分电路中的熔断器需要打开相应用电设备开关，熔断器才通电</td><td>5</td><td>□</td></tr>
<tr><td>能通过测试灯点亮情况判断熔断器的状况</td><td>5</td><td>□</td></tr>
<tr><td>知道测试灯在两个检测点都不点亮是熔断器没有通电的原因</td><td>5</td><td>□</td></tr>
<tr><td rowspan="4">职业素养</td><td rowspan="2">安全及合作</td><td>特殊操作应佩戴安全帽、防酸碱手套或绝缘手套、护目镜等防护用品</td><td>5</td><td>□</td></tr>
<tr><td>小组作业时应互相配合、合理分工，不可发生争执</td><td>5</td><td>□</td></tr>
<tr><td rowspan="2">“5S”管理</td><td>注意安全操作，不可随意放置工具、量具且不应有其他安全隐患</td><td>3</td><td>□</td></tr>
<tr><td>地上有油污时应及时擦掉，废弃物应环保处理</td><td>2</td><td>□</td></tr>
<tr><td colspan="3">总评分</td><td colspan="2"></td></tr>
</table>

任务二十九

用钳形电流表测量起动电流

学习目标

1. 能掌握钳形电流表测量电流的工作原理。
2. 能说出起动机工作时的电流大小。
3. 能正确使用用钳形电流表测量起动电流。
4. 能说出钳形电流表测量电流的注意事项。

任务描述

一辆大众朗逸 1.4 T 轿车进店检查，客户反映最近启动车辆时感觉启动无力，经常要多次启动，可能是起动电流过小造成启动转速不够引起的启动困难，应如何测量起动电流？

问题 1：测量汽车起动电流时，选择的量程通常为多少？

____

____

问题 2：用钳形电流表钳头夹取电线时，应注意哪些问题？

____

____

相关知识

用普通电流表测量电流时，需要将电路切断后才能进行测量，这是很麻烦的，有时正常运行的电动机不允许这样做。此时，使用钳形电流表就显得方便多了，可以在不切断电路的情况下测量电流。钳形电流表由电流互感器和电流表组成，电流互感器的铁心在捏紧扳手时可以张开，被测电流通过导线可以穿过铁心的被测电路导线成为电流互感器的一次线圈，其中通过电流便在二次线圈中感应出电流。因为起动电流比较大，通常采用钳形电流表测量起动电流。

任务准备

1. 工具器材

操作前需要准备以下设备、工具及辅助材料等（以单工位为例）。

设备、 工具及辅助材料

序号	名称	规格	数量
1	大众朗逸轿车	1.4 T	1
2	钳形电流表	通用型	1
3	工具车及配套工具	JTC 三层	1
4	棉纱手套	/	2

2. 小组分工

职务	代码	姓名	工作内容
组长	A		
组员	B		
	C		
	D		
	E		

任务实施

序号	图示	步骤及技术要点
1		打开发动机引擎盖，铺设翼子板、前格栅布和车内四件套

续表

序号	图示	步骤及技术要点
2		将“功能/量程选择旋钮”旋到“________A”量程挡位 注意：测量前应估计________________，选择合适量程。如果无法估计，应先选择____________，再根据读数适当减小量程，测量中不能转换量程
3		通过“功能选择”键选择测试电流的类型为直流电 直流电符号为：______ 交流电符号为：______
4	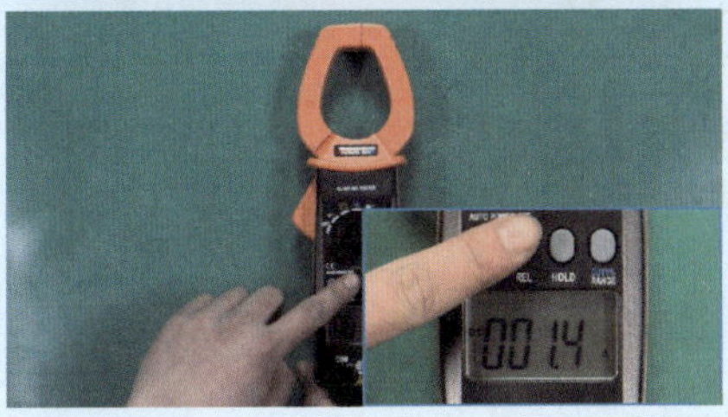	为避免产生测量误差，测量电流前按“清零”键清零 清零的作用：____________________________
5		按住钳头扳机打开钳头，用钳头夹取蓄电池正极接线柱至起动机 3D 接线柱的导线，然后缓慢放开扳机，直到钳头完全闭合。为避免产生测量误差，将被测导线置于钳头中央 注意：钳形电流表一次只能测量一个电流导体，同时应尽量远离外界磁场，以免产生测量误差
6		打开点火开关，在启动发动机瞬间，即可从钳形电流表读出起动电流 注意：为避免触电和短路，钳形电流表不能测量裸露导线中的电流
7		电流读取完毕，打开钳头，取下钳形电流表，关闭发动机。将工具整理好，按照“5S”要求恢复场地

任务评价

<table>
<tr><th>项目</th><th>作业内容</th><th>评价要点</th><th>配分</th><th>评价</th></tr>
<tr><td rowspan="8">准备工作</td><td rowspan="2">场地准备</td><td>工位应干净、整洁，地面无油污</td><td>1</td><td>□</td></tr>
<tr><td>车辆停靠在合适位置</td><td>1</td><td>□</td></tr>
<tr><td rowspan="2">车辆防护</td><td>铺设翼子板及前格栅布</td><td>2</td><td>□</td></tr>
<tr><td>铺设车内四件套</td><td>2</td><td>□</td></tr>
<tr><td rowspan="2">人员防护</td><td>工作服穿戴整齐</td><td>2</td><td>□</td></tr>
<tr><td>操作时应佩戴棉纱手套</td><td>2</td><td>□</td></tr>
<tr><td rowspan="2">检查工作</td><td>检查工具车内工具是否齐全且摆放整齐</td><td>2</td><td>□</td></tr>
<tr><td>检查钳形电流表按键、屏幕等功能是否正常</td><td>3</td><td>□</td></tr>
<tr><td rowspan="9">操作</td><td rowspan="5">操作要点</td><td>能估测被测电流的大小并正确选择钳形电流表量程</td><td>10</td><td>□</td></tr>
<tr><td>能调整功能选择键选择直流电流测量模式</td><td>10</td><td>□</td></tr>
<tr><td>能用清零键清除测量前数据使屏幕数据归零</td><td>10</td><td>□</td></tr>
<tr><td>能选择蓄电池电缆并将钳形电流表钳头夹在正确位置</td><td>10</td><td>□</td></tr>
<tr><td>能迅速读取起动电流瞬间的显示电流值，并记录起动电流</td><td>10</td><td>□</td></tr>
<tr><td rowspan="4">技术规范</td><td>掌握电流表量程的选择方法</td><td>5</td><td>□</td></tr>
<tr><td>理解钳形电流表测量电流的原理</td><td>5</td><td>□</td></tr>
<tr><td>知道外界磁场对测量的干扰</td><td>5</td><td>□</td></tr>
<tr><td>知道测量中存在触电危险，并能避免触电</td><td>5</td><td>□</td></tr>
<tr><td rowspan="4">职业素养</td><td rowspan="2">安全及合作</td><td>特殊操作应佩戴安全帽、防酸碱手套或绝缘手套、护目镜等防护用品</td><td>5</td><td>□</td></tr>
<tr><td>小组作业时应互相配合、合理分工，不可发生争执</td><td>5</td><td>□</td></tr>
<tr><td rowspan="2">“5S” 管理</td><td>注意安全操作，不可随意放置工具、量具且不应有其他安全隐患</td><td>3</td><td>□</td></tr>
<tr><td>地上有油污时应及时擦掉，废弃物应环保处理</td><td>2</td><td>□</td></tr>
<tr><td colspan="3">总评分</td><td colspan="2"></td></tr>
</table>